ପ୍ରିୟତମା

ପ୍ରିୟତମା
ଫନୀ ମହାଂତି

BLACK EAGLE BOOKS
2019

BLACK EAGLE BOOKS POETRY SERIES

PRIYATAMA by Phani Mohanty

Copyright @ Phani Mohanty

First Published in 1988 by Vidyapuri

First US Publication in 2019 by BLACK EAGLE BOOKS

ISBN- 978-1-64560-002-2

All rights reserved. No part of this publication may be reproduced, stored in a retrieval system, or transmitted, in any form or by any means, electronic, mechanical, photocopying, recording or otherwise without the prior permission of the publisher.

Cover and Interior Design: Ezy's Publication

Printed in United States of America

 BLACK EAGLE BOOKS

7464 Wisdom Lane
Dublin, OH 43016
E-mail: info@blackeaglebooks.org
Website: www.blackeaglebooks.org

‘ପ୍ରିୟତମା’କୁ ଭଲ ପାଇଥିବା
ଭଲ ପାଉଥିବା
ଭଲ ପାଇବାକୁ
ଚାହିଁ ବସିଥିବା ମୋର ଜଣା ଅଜଣା
ପ୍ରିୟ ପାଠକ / ପାଠିକାଂକୁ ସମର୍ପିତ ।

ଫନୀ ମହାଂତି

ଅଗ୍ରଲେଖ

ଅଠେଇଶି ବର୍ଷ ତଳେ (୧୯୮୮) ମୋର ପ୍ରଥମ ଦୀର୍ଘ କବିତା 'ପ୍ରିୟତମା' ପ୍ରକାଶିତ ହୋଇଥିଲା କଟକର ସମ୍ଭ୍ରାନ୍ତ ପ୍ରକାଶନୀ ସଂସ୍ଥା 'ବିଦ୍ୟାପୁରୀ'ରୁ। ବେଶ୍ କିଛି ବର୍ଷର ବ୍ୟବଧାନ ପରେ ଦ୍ୱିତୀୟ ସଂସ୍କରଣ ଲୋକ ଲୋଚନକୁ ଆସିଲା। ତା'ପରେ ପ୍ରିୟତମାର ଚିହ୍ନବର୍ଣ୍ଣ ଦିଶିଲାନି, ବହି ବଜାରରେ ବହି ଖଣ୍ଡେ ମିଳିଲାନି। ତଥାପି ଖୋଜାଲୋଡ଼ାର ପର୍ବ ଚାଲିଛି। ନୂଆ ପୁରୁଣା କାବ୍ୟମୋଦୀ ପାଠକ/ପାଠିକାମାନେ ପ୍ରିୟତମାକୁ କୋଳେଇ ନେବା ପାଇଁ ହାତ ପାତି ବସିଛନ୍ତି। 'ପ୍ରିୟତମା'ର ଭାଗ୍ୟ ହିଁ କବିର ଅବଧାରିତ ଭାଗ୍ୟଲିପି। ବହୁ ଆକୁଳ ଆବେଦନ ନିବେଦନ ମୋର ବ୍ୟର୍ଥ ହୋଇଛି। କାଳ ପରି ମହାକାଳ ଉପରେ ସବୁ ଛାଡ଼ି ଦେବା ଛଡ଼ା ଗତ୍ୟନ୍ତର ନାହିଁ। ଭାଗ୍ୟ ଈଶ୍ୱର କି, ମଣିଷର ଆଟୋପ ଆଡ଼ମ୍ବର ପାଖରେ ଆମେ ସତରେ କେତେ ଅସହାୟ।

ବହୁ ଚର୍ଚ୍ଚିତ କୌଣସି ପୁରାଣ କି, ପ୍ରାଚୀନ ଧର୍ମଗ୍ରନ୍ଥର ପ୍ରେମ 'ଉପାଖ୍ୟାନ'କୁ ଆଧାର କରି ପ୍ରିୟତମା ଗର୍ଭଗୃହରୁ ଜନ୍ମ ନେଇନି। ତା'ର କୌଣସି ନିର୍ଦ୍ଦିଷ୍ଟ ସ୍ଥିରୀକୃତ ଇତିହାସ କି, ଭୂଗୋଳ ନାହିଁ, ତା'ଜନ୍ମର ପୂର୍ବ ମୁହୂର୍ତ୍ତରେ ମଙ୍ଗଳାଚରଣ ପାଠ କରାଯାଇନି କି, ଶୁଭ ଶଙ୍ଖନାଦ ହୋଇନି। ଅତର୍କିତ ଭାବେ ସେ ଛୁଟି ଆସିଛି ଅନ୍ଧକାରମୟ ନିରବତାର ରହସ୍ୟାଛନ୍ନ ଜରାୟୁରୁ। ଆମେ ଜିଉଥିବା କାଳଖଣ୍ଡରେ, ଭାବ ଅଭାବର ଯୌଥ ଯନ୍ତ୍ରଣାରେ ଅହରହ ପୀଷ୍ଟ ହେଉଥିବା ମଣିଷର ଅନ୍ତର୍ନିହିତ ସ୍ୱର ଅନୁରଣିତ 'ପ୍ରିୟତମା'ର ପ୍ରତିଟି ବାକ୍ୟାଂଶ ଓ ବାକ୍ୟରେ।

ଏହା ଖୁବ୍ ବେଶୀରେ ଚେତନଶୀଳ ମଣିଷ ପାଇଁ ଏକ ରସୋତ୍ତୀର୍ଣ୍ଣ ମାର୍ମିକ ଚିତ୍ର ହୋଇପାରେ ଯାହାକୁ ରୂପ ଦେବାକୁ ଆପାତତଃ ଚେଷ୍ଟା କରାଯାଇଛି ଅନୁଭୂତିର ଶୂନ୍ୟ କାନ୍‌ଭାସ୍‌ରେ । ପ୍ରିୟତମା ଯେହେତୁ ଗୋଟିଏ ଛବିଳ ପ୍ରତୀକ ତା' ଭିତରୁ କେବଳ ରକ୍ତମାଂସର 'ସହଜ ସୁନ୍ଦରୀ'ଟିଏ ଖୋଜି କାଢ଼ିବା କାଠିକର । ଉଭୟ ଲୋକର ଏକ ଉତ୍ତରିତ ଚିତ୍ର-ଶୂନ୍ୟତାକୁ ସଚିତ୍ର ରୂପ ଦେଇ ପୂର୍ଣ୍ଣତାରେ ରୂପାନ୍ତରିତ କରିବାର ଏକ ଅସଫଳ ପ୍ରୟାସ ମାତ୍ର ଯାହାହିଁ କବିର ନିପାରିଲାପଣ । ତଥାପି, ଶବ୍ଦ-ଜାଲର ମୋହ ବନ୍ଧରେ ପଡ଼ି ଝାଳନାଳ ହୋଇ ଲହୁ-ଲୁହାଣ ହୋଇ କ'ଣ ନା, କ'ଣ ଗୋଟେ ଖୋଜା ଚାଲିଚି । ପ୍ରେମରେ ମହାପ୍ରେମକୁ ଧରି ରଖିବାର ଅସଫଳ ପ୍ରଚେଷ୍ଟା ଚାଲିଛି । ଦୁର୍ଲ୍ଲଭ ନର ଜନ୍ମର ଭଙ୍ଗାଗଢ଼ା ସଂସାର ଭିତରେ ଥାଇ ବି ସଂସାର-ବୈରାଗୀ ପରି ସିଦ୍ଧିର ମାର୍ଗ ଖୋଜା ଚାଲିଛି । ଅଧାଗଢ଼ା ଅସମ୍ପୂର୍ଣ୍ଣ ବାକ୍ୟକୁ ପୂର୍ଣ୍ଣ ବାକ୍ୟର ରୂପ ଦେବା ପାଇଁ ପ୍ରୟାସ ଜାରି ରହିଛି । ଏହି ଆୟାସସାଧ୍ୟ ପ୍ରକ୍ରିୟାରୁ ହୁଏତ ଏମିତି ଏକ ନିର୍ଯ୍ୟାସରେ ପହଞ୍ଚିବାକୁ ହେବ ଯେ ପ୍ରିୟତମା ସର୍ବାନ୍ତକରଣରେ ନିବାଡ଼ ପ୍ରେରଣା କି, ଏକ ପ୍ରତୀକ ମାତ୍ର ଖୁବ୍ ବେଶୀରେ ହୋଇପାରେ ଯାହା ଦାର୍ଶନିକ ତତ୍ତ୍ୱ କି ବ୍ୟାଖ୍ୟା ଠାରୁ ଦୂରରେ । ଏହାର ସ୍ରଷ୍ଟା ଏକମାତ୍ର କବି ନୁହଁ, ବହୁ ରସଗ୍ରାହୀ ବିଦଗ୍ଧ ରସିକଙ୍କ ସ୍ୱର ମୂର୍ଚ୍ଛନାରେ ଅନୁରଣିତ ପ୍ରିୟତମାର ତନୁ ମନ ଓ ଅଙ୍ଗସଙ୍ଗ ।

ପ୍ରଥମ ଥର 'ପ୍ରିୟତମା' ସୂର୍ଯ୍ୟାଲୋକରେ ଦେହ ପଖାଳିଲା ପରେ ଏକାଧିକ ଚିହ୍ନାଅଚିହ୍ନା, ଜଣାଅଜଣା ଦୂରଦୂରାନ୍ତରର ପରିଚିତ ଅପରିଚିତ ସତୀର୍ଥଙ୍କ ସର୍ଜନରେ ପରିସ୍ନାତ ଓ ପରିମାର୍ଜିତ ହୋଇ ଉଠିଛି ଚିତ୍ରଟିର ଚିତ୍ରାର୍ପିତ ଦୃଶ୍ୟ, ଦୃଶ୍ୟାବଳୀ ଯେଉଁ ପ୍ରକ୍ରିୟା ଏଯାବତ୍ ଜାରି ରହିଛି ଆମ କାବ୍ୟ ଜଗତରେ ନିଜ ନିଜର ଭାବାବେଗକୁ ନିଜ ନିଜର ବାଗ ଓ ଢଙ୍ଗରେ, ରୂପ ବିନ୍ୟାସରେ ସଜେଇବା ପ୍ରୟାସ ଚାଲିଚି । ଏହାହିଁ ଯେତିକି ବିସ୍ମୟକର ସେତିକି ମୋ'ପାଇଁ ସୁଖପ୍ରଦ । 'ପ୍ରିୟତମା' ସମେତ ଏଯାବତ୍ ପ୍ରକାଶିତ କୌଣସି ସଂକଳନର ଲୋକାର୍ପଣ ପର୍ବ ପାଳିତ ହୋଇନି କି, ମୂଲ୍ୟାୟନ ପାଇଁ କୌଣସି ସାନବଡ଼ ଦକ୍ଷ ସମାଲୋଚକଙ୍କର ଦ୍ୱାରସ୍ଥ ମୁଁ ହୋଇନି । ଏହା ମୋର ଅହଂକାର ନୁହେଁ, ଛୋଟମୋଟରେ ସ୍ୱାଭିମାନ ମାତ୍ର ଯାହାକୁ ମୁଁ ଆବୋରି ବସିଛି ଏଯାଏଁ ବେସାଲିସ୍ ଭାବରେ । ଏହା ମୋର ବିଧି ନିର୍ଦ୍ଦିଷ୍ଟ ଭାଗ୍ୟ କି, ପୂର୍ବ ଜନ୍ମ ଜନ୍ମାନ୍ତର କର୍ମଫଳ ମୁଁ ଜାଣେନି ।

ସ୍ଥଳ ବିଶେଷରେ ପ୍ରିୟତମାର କିଛି ଅଂଶକୁ ପୁନଃ ସର୍ଜନ କରି ଏହି ସଂସ୍କରଣରେ ସ୍ଥାନିତ କରାଯାଇଛି ଯାହା କାବ୍ୟମୋଦୀ ପାଠକଙ୍କ ଦ୍ୱାରା ଆଦୃତ ହେବ ବୋଲି ଆଶା ରଖିଛି ।

- ଫନୀ ମହାଂତି

॥ ୧ ॥

ଏକାଏକା ଛାଡ଼ି ଦେଇ ଗଲ ମତେ ଗଲ
ଯେ'ମୁଁ ବୁଡୁଛି ତ ବୁଡୁଛି ବେଳୁଁବେଳ
ମଝି ସମୁଦ୍ରର ଅଥଳ ଜଳରେ।

ଆଖପାଖେ ସାହାନାହିଁ ଦିନୁଁ ଦିନ
ରାହା ଯାଏ ସରି
ଅଥଳ ଜଳରେ ଏକା ଏକୁଟିଆ
ବୁଡ଼ି ମରୁଥିବା ଲୋକ ପରି
ମୁଁ ନିଜେ ହିଁ ନିଜର ଭଗାରି।

ପ୍ରିୟତମା, ଦୁଃଖ ଏକ ନୀଳ ନଈ
ଦୁଃଖ ନଈ କୂଳେ ବସି ଚହଲା
ପାଣିରେ ଚୁପ୍‌ଚାପ୍ ଦେଖୁଅଛି
ତମ ଫିକା ମୁହଁ
ମୋ ଭାଗ୍ୟ ରେଖାରେ
ତମେ ଏକ ଘନକଳା ଛାଇ।

ସହଜ ସରଳ ଭାବ ଅନାସକ୍ତ
ନିଃସଂଗ ଜୀବନ,
କୁହୁଡ଼ିର ସମୁଦ୍ରରେ ବୁଡ଼ି ମରୁଥିବା
ଲୋକଟିକୁ ଉହଳବିକଳେ
ଦେଖିବାର ଦିନ।

ଚାରିଆଡ଼େ କ'ଣ ସବୁ ଘଟି ଯାଉଛି
କାହାରି ନିର୍ଦ୍ଦେଶେ କିଛି ଜଣା ନାହିଁ,
ତଂଟି ଶୁଖି ଅଠାଅଠା
ଟେଲିଫୋନ୍ ଅଚଳ
ଆକାଶେ ଆକାଶେ ଘମାଘୋଟ
ବାରୁଦର ଗନ୍ଧ
ଅର୍ଥହୀନ ବୟାଳିଶ ବର୍ଣ୍ଣମାଳାରେ
ପରିପୂର୍ଣ୍ଣ ପ୍ରତିଟି ସମ୍ବାଦ।

ଚମକି ଉଠୁଚି ପଡୁଛି ଛାତି ମୋର
ପ୍ରିୟତମା ପ୍ରତି ମୁହୂର୍ତ୍ତରେ ମଧୁର
କୋମଳ ଶବ୍ଦରେ
କ୍ଷଣୁକ୍ଷଣ ଜିଉଛି ଓ ମରୁଛି ମୁଁ
କେଉଁ ଶାପଗ୍ରସ୍ତା ଅପୂଜା ଯୋଗିନୀର
ଅଦ୍ଭୁତ ଇଚ୍ଛାରେ।

କିଛି କ'ଣ ଘଟୁ ନାହିଁ ତମ ଆମ
ଦ୍ୟାବା ପୃଥିବୀରେ ? କିଛି କ'ଣ
ସଂଭାବନା ଆଉ ନାହିଁ
ଏଇ ଜୀବନରେ ?
ଚାହୁଁ ଚାହୁଁ ଜୀବନ ନଦୀରେ ଦିନେ
ଦୁଇ କୂଳ ଲଂଘି ଉଜାଣି ବହିବ,

ମଣିଷର ଭାଗ୍ୟରେଖା ବାରମାସି ଚଢ଼େଇର
ରଂଗ ପରି ଆପେଆପେ ବଦଳିବି ଯିବ,
କୋଉ ନିର୍ମମ ଅଦୃଷ୍ଟ କାଳବେଳ
ଦେଖି ନିଜ ହାତେ
ଛକଟିଏ କାଟି ଦେଇ ଯିବ ଯେ ଯିବ
ଫେରିବାକୁ ବାଟଘାଟ ନଥିବ।

ଯେତେ ଚେଷ୍ଟା କଲେ ବି ମୁଁ ଛକ
ଆଉ ଡେଇଁ ପାରିବିନି ପ୍ରିୟତମା,
ତମେ କ'ଣ ସେତେବେଳେ ଧୂଳି
ଧୂସରିତ ମୋର ଲୋଚାକୋଚା
ଶ୍ୟାମଳ ରଂଗର ଫିନ୍‌ଫିନ୍ ପତଳା
ଦେହକୁ ଗାଢ଼ ଆବେଗରେ ଜାବୁଡ଼ି
ଧରିବ, କପାଳରୁ ବିଂଦୁବିଂଦୁ ଝାଳ
ପୋଛି ତମ ଶ୍ୱେତଶଂଖ ପଣତରେ
ବର୍ଷବର୍ଷ ତଳର ସବୁ ରାଗ ଅଭିମାନ
ଭୁଲି ଯାଇ ନୂଆନୂଆ କାହାଣୀ କହିବ,
ଅଦିନ ବରଷା ପରି ଜମାଟବଂଧା ସବୁ
ଦୁଃଖ ଓ ଯଂତ୍ରଣା
ପାଣି ଫାଟି ଝରିଝରି ଯବ॥

❑

॥ ୨ ॥

ଚାରି ଦିଗ ଚଉଦ ବ୍ରହ୍ମାଂଡ଼ ଖାଁ ଖାଁ
ଲାଗୁଛି, ଦରପୋଡ଼ା ସଳିତାଟେ
ପରି ମୁହଁ ମାଡ଼ି ନାଆଁକୁ ମାତ୍ର ପଡ଼ିଛି
ଚାରିକାତ ମେଲି,

ଇଏ କି' ଜୀବନ ପ୍ରିୟତମା ?
କେତେ ଶବ୍ଦ ଯୋଡୁଛି ଭାଂଗୁଛି ମୁଁ
ପ୍ରତି ମୁହୂର୍ତ୍ତରେ
ଭଂଗାଗଢ଼ା ଶବ୍ଦର ମାଳାରେ ବାକ୍ୟଟିଏ
ପୂରୁ ନାହିଁ ଏଇ ଜୀବନରେ ।

ତମେ ଏକା ସାକ୍ଷୀ ମୋର ସୂର୍ଯ୍ୟ ଚଂଦ୍ର କୋଟିକୋଟି
ତାରାଂକ ମେଳରେ, ତମେ ଏକା ସାକ୍ଷୀ ମୋର ଭାବରେ
ଥାଇବି କବି ବାରବାର ମରିପାରେ
ଅଭାବ ନର୍କରେ ।

ଏକାଏକା ଯାଉ ଯେ' ଜୀବନ
ପ୍ରିୟତମା, ଯେଉଁ ଅପହଂଚ ପୃଥିବୀରେ
ଥାଅ ପଛେ, ତମେ ମୋର ପ୍ରଥମ ଓ
ଶେଷ ବର୍ଣ୍ଣମାଳା
ତମେ ମୋର ପ୍ରଥମ ଓ ଶେଷ ପ୍ରତିଶ୍ରୁତି ॥

❑

॥ ୩ ॥

ପ୍ରଥମ ଓ ଶେଷ ପ୍ରତିଶ୍ରୁତି ପରେ ତମେ
ଗଲ ତମେ ବାଟେ ଆଉ ଦେଖାଚାହାଁ ହେଲା
ନାହିଁ ଏଇ ଜୀବନରେ,
ଫଟା ରେକର୍ଡ଼ର ଘଁ ଘଁ ଶବ୍ଦ ପରି
ସବୁ କଥା ଅସ୍ପଷ୍ଟ ଓ ଅବୁଝା ରହିଗଲା
ଶେଷ ମୁହୂର୍ତ୍ତରେ।

ପ୍ରେମ କୋଉ ବାରଣ ଗଛର ଫଳ
ଯାହା ଖୋଜାଖୋଜି ପାଇବାରେ
ସାରା ଜନ୍ମ ବିତିଯାଏ
ଅପବାଦ ନାଗରା ଶବ୍ଦରେ,
ରାତି ହୁଏ ସାତ ରାତି
ସମୟର ନୀଳ ବନାନୀରେ।

ଏ ଘନ ବରଷା କାଳେ ଆସିବ କି'
ପ୍ରିୟତମା ଅନାୟସେ ଅତିକ୍ରମୀ
ପଟାପଟା ମେଘର ଫସଲ,
ଭୟ ଏବଂ ଆତଙ୍କରେ ଦିନରାତି
ଅସରନ୍ତି ଚାରିଆଡ଼େ
ଘନନୀଳ ନିବିଡ଼ ଜଙ୍ଗଲ।

ତମେ କି' ଆସିବ ସତେ ନିରବିତ
ଅପରାହ୍ନେ ରୁମୁଝୁମୁ ନୂପୁର ତାନରେ
କଟିରେ କଟି ମେଖଳା
ଗଳାରେ ଚଂଦ୍ରିକାମାଳା
ସୁବର୍ଣ୍ଣ କିଂକିଣୀ ନାଇ ମୋହିନୀ ବେଶରେ।

ଶେଷ ପ୍ରତିଶ୍ରୁତି ପରେ
ମୁଁ ତମ ସ୍ୱପ୍ନରେ ହଜେ
ପାପପୁଣ୍ୟ ଭୁଲିଯାଏ ବିଷାଦ ମାଧବ
ପରି ନିର୍ଜନ ନିକୁଂଜେ,
ଚମକିଚମକି ଚାହେଁ
ସତେ କି' ଆସୁଚ ତମେ
କଳାମେଘୀ ଶାଢ଼ି ପିନ୍ଧି ମାନଅଭିମାନ
ଭୁଲି ଘନଘୋର ବନେ।

ଶ୍ୟାମଳ ଶେଯରେ ମୋର
ସପନର ଆତ୍ମାପକ୍ଷୀ
ସଚକିତେ କ୍ଷଣକ୍ଷଣ କରଇ ଚିତ୍‌କାର,
କେଉଁ ଗହନ ବିପିନୁ
ଧୀର ଓ ମଂଥର ଗତିରେ ଆସୁଛ କି' ପ୍ରିୟତମା
ଘନକୁଚ ଭାରେ ତମ ଅବସନ୍ନ ନିର୍ଲିପ୍ତ ଶରୀର।

ଉଛୁର ନକର ସଖୀ
ଚଳଚଂଚଳ ମୃଗାକ୍ଷୀ
ଏ ଘନ ବରଷାକାଳେ ସ୍ୱପ୍ନ ମୋର
ଭାଂଗି ଯିବ ବିଧି ହେଲେ ବାମ,
ତମ ଅନୁପସ୍ଥିତିରେ ଉଦାସିଆ ତନୁମନ
ଘନଘନ ବହୁଅଛି ହିମ ପବନ॥ ❑

॥ ४ ॥

ଶେଷ ପ୍ରତିଶ୍ରୁତି ପରେ ତମେ
ଗଲ ତମ ବାଟେ ଆଉ
ଦେଖାଚାହାଁ ହେଲା ନାହିଁ ଏଇ
ଜୀବନରେ, ଶେଷ ପ୍ରତିଶ୍ରୁତି ପରେ
କଥା ଜମା ଲୁଚିଲାନି
ଏକାଏକା କବି ମଲା ଉହଳ ନର୍କରେ।

ଘନ କୁହୁଡ଼ିରେ ଆଚ୍ଛନ୍ନ
ଅପସୃୟମାଣ ସ୍ମୃତି
ଚାପା ହସ ରୁଦ୍ଧ ଶ୍ୱାସ
ଗୋପନ ସଂବାଦ,

ତୀର୍ଯ୍ୟକ୍ ଚାହାଁଣୀରେ
ଭିନ୍ନଭିନ୍ନ ଦୃଶ୍ୟପଟ୍ଟ
ଆକାଶୁଁ ଆକାଶେ ଛୁଟେ
ଅଦିନିଆ ମେଘର କୁହାଟ।

ଭିଜାଭିଜା ଗୟସ ମାଳାରେ
ଉଦାସ ଅଳସ ମୂର୍ତ୍ତି
ମୁକ୍ତା ପରି ଢଳଢ଼ଳ
ଶ୍ୱେତ ଶୁଭ୍ର ପଣତକାନିରେ
କାମାସକ୍ତ ଉଲଗ୍ନ ଶରୀର,

ଦିଗଂବରୀ ପ୍ରାୟେ ଅପରୂପ
ଭାବ ମୂର୍ତ୍ତି କେଉଁ ଚିତ୍ରକରର
ତୂଳୀରୁ ତମ ଜନ୍ମ
ତମେ ଦିଶ ସୁଢ଼ଳ ଶ୍ୟାମଳ
ତମ ରୂପ ମଦିରାରେ ପରିପୂର୍ଣ୍ଣ
ନୀଳ ହଳାହଳ।

ସକଳ ତୀର୍ଥର ଭୂସ୍ୱର୍ଗ
ତମ ଶୁଦ୍ଧପୂତ
ପବିତ୍ର ଦେହ,

ସକଳ ଆଶା ଆଶ୍ୱାସନାର
ପ୍ରତୀକ ତୁମ ନିଷ୍ପାପ
ନିଃସର୍ତ୍ତ ପ୍ରେମ,

ନିରୁଦ୍ଦେଶହୀନ ଯାତ୍ରୀ ପରି
ତମ ଦେହର ବଳୟରେ
ମୁଁ ପରିକ୍ରମା ନ କଲା ଯାଏଁ
ଅଣାୟତ ନ ହେଲା ଯାଏଁ
ଆତ୍ମସ୍ଥ ନ ହେଲା ଯାଏଁ

ମତେ କ୍ଷମା କରିଦେବ ପ୍ରିୟତମା
ଶେଷ ମୁହୂର୍ତ୍ତରେ ସେଇ ମୋର ଭାଗ୍ୟ ॥

❑

॥ ୫ ॥

କେତେ କଷ୍ଟ ଦୂର ପ୍ରବାସରେ
ସ୍ୱପ୍ନରେ ସ୍ୱପ୍ନରେ ଭାସି ମେଘ
ମେଦୁରିତ ଆକାଶରେ ପକ୍ଷୀ ପରି
ନିଶ୍ଚୁପରେ ଉଡ଼ି ବୁଲିବାରେ,

କେତେ କଷ୍ଟ ତମରି ସ୍ମୃତିରେ
ହଜି, ତମରି ପ୍ରୀତିରେ ମଜ୍ଜି
ବିଧୁନିତ ଅପରାହ୍ଣେ ସଚକିତେ
ତମ ବାଟ ଚାହିଁ ବସିବାରେ,

ସ୍ମୃତି ରୋମଂଥନ କରି ଉହ୍ଲବିକଳେ
ନିଜ ଭାଗ୍ୟଲିପି ନିଜେ ପଢ଼ି
ଅଜଣା ଭୟ ଓ ଆତଂକେ
ଥୁଂଟା ଗଛ ପରି ଭାଂଗି ପଡ଼ିବାରେ ।

ଆସିବଆସିବ ବୋଲି କାହିଁ କେତେ
ବର୍ଷ ତଳୁ କଥା ଦେଇ ଯାଇଛ ଯେ' ଯାଇଛ
କେବେ ତା'ର କିଛି ହିସାବ ରଖିଛ ?
କ୍ଷଣକ୍ଷଣ ଦେଖୁଛି ମୁଁ ତମ ଛାଇ
ଯାଆଆସ କରୁଅଛି ତମାଳ ଲତାରେ
ତଂଟି ଶୁଖି ମୋର ଅଠାଅଠା
ଆଖପାଖେ କେହି ନାହିଁ
ତମ ଆସିବାରେ ଉଛୁର ହେବାରୁ
ଦୁଶ୍ଚିଂତାରେ ତନୁମନ ଅଥୟ ହେଲାଣି ।

ଆସ ବା' ନ ଆସ ସଖୀ
ଅଭିମାନୀ ଚଂଦ୍ରମୁଖୀ
ବେଳୁଁବେଳ ବଢୁଅଛି ମୋର ବିପତ୍ତି
ଲଜ୍ଜା ଛାଡ଼ି ବାରବାର
କେ ନାରୀ ଦିଏ ଚୁଂବନ
କେଉଁ ନାରୀ ମଦ ଓ ମାତ୍ସର୍ଯ୍ୟରେ
ହୁଏ ଉନ୍ମତ୍ତ,
ତମ ବିନୁ ପ୍ରିୟତମା ଦଶଦିଶ
ଅନ୍ଧକାର ବିଷୟାବାସରେ
ମୋର ନ ବଳେ ଚିତ୍ତ ।

ଆସିବ ଆସିବ କହି କଥା ଦେଇ
ଯାଇଛ ଯେ, ଯାଇଛ କେତେ ବର୍ଷ
ବିତିଲାଣି ତମେ କ'ଣ ଆଉ ତା'ର
ହିସାବ ରଖିଛ ॥

❑

॥ ୬ ॥

ନିରାପଦ ଦୂରତ୍ୱରେ ଥାଇ
ଭାବିଛକି, ମୁଁ ତମ ଦୟା ଅନୁକଂପାର
ପାର୍ଥିବ ଗ୍ରାହକଟେ ପରି ହାତ ପାତି
ଠିଆ ହୋଇଥିବି ଚିରକାଳ,
ଚିରକାଳ ପାଇଁ
ଶବ୍ଦର ଗୋଲକଧନ୍ଦାରେ ବାଟହୁଡ଼ି
ଅଣାୟତ ହେଉଥିବି
ଓ ନିଜ ମଂଦ ଭାଗ୍ୟ ସତ୍ତ୍ୱେ
ଆଜୀବନ ଯୁଦ୍ଧ କରୁଥିବି
ନିଜ ସହ ନିଜେ ବାରବାର।

ଯୁଦ୍ଧକୁ ଯିବା ମନା ମୋ ପାଇଁ
ପ୍ରିୟତମା, ସନ୍ନ୍ୟାସ ସାଜିବ ମନା,
ଅନ୍ୟ କେଉଁ ଲାବଣ୍ୟମୟୀର ପ୍ରେମରେ ପଡ଼ିବା
ମନା ମୋ ପାଇଁ କବିତା ଲେଖିବା ମନା।

କବିଟିଏ ହେଲା ପରେ ନଜରବଂଦୀରେ
ରଖିବାର ହିମ୍ମତ କା'ର ଅଛି ?
ନା ପତ୍ନୀର ନା, ପ୍ରେମିକାର ନା, କୋଉ
ମୂଲ୍ୟହୀନ ଅଚଳ ଶାସ୍ତ୍ରର ?
ନା, ଅବ୍ୟବହୃତ ପ୍ରାଚୀନ ବ୍ୟାକରଣର।

ସବୁ ତତ୍ତ୍ୱ ଭୁଲ୍‌ଭାଲ୍ ହୋଇଯାଏ
କବିଟିଏ ହେଲେ
ସବୁ ବ୍ୟତିକ୍ରମର ସୂତ୍ରଧର କବି
କବି ଦ୍ରଷ୍ଟା
କବି ସ୍ରଷ୍ଟା
କବି ହିଁ ଈଶ୍ୱର
ନିଜ ହାତେ ତିନି ଗାର କାଟ ନାହିଁ
ସକଳ ପ୍ରାଣୀଙ୍କ ମଧ୍ୟେ
କବି ଏକ ଦୁର୍ଲ୍ଲଭ ନଜିର।

ଏ କି' ବିଚାର ପ୍ରିୟତମା
ପ୍ରଥମ ଦେଖାରେ ଯାହାକୁ ଆପଣାର
କରିହୁଏ ସ୍ନେହରେ ଶ୍ରଦ୍ଧାରେ ସହାନୁଭୂତିରେ
ପ୍ରସାରିତ ଦୁଇ ମୁକ୍ତ ବାହୁ ବନ୍ଧନରେ
ତାକୁ ପୁଣି, ନାରୀଟିଏ କ'ଣ ହତ୍ୟା
କରି ପାରେ ସ୍ୱଷ୍ଟ ଦିବାଲୋକେ
ନିଷ୍ଠୁର ନିର୍ମମ ଭାବରେ
ଭୁଲ୍‌ଠିକ୍ ବିଚାର ନକରି
ଆପେଆପେ ଆପଣା ଇଚ୍ଛାରେ।

ସବୁ ଭାଗ୍ୟ ପ୍ରିୟତମା
ସବୁ ଭାଗ୍ୟ,
କବି ହୋଇ ଜନ୍ମିବା
କବି ପରି ଜିଇବା ମରିବା
ଏବଂ ସୁଂଦରୀ ନାରୀକୁ ପ୍ରେମ
କରି ସାରା ଜନ୍ମ ହଂତସଂତ ହେବା
ସବୁ ଭାଗ୍ୟ ପ୍ରିୟତମା, ସବୁ ଭାଗ୍ୟ।
❑

॥ ୭ ॥

ଫୁଲରେ ସଜେଇ ଦେବି ତମ ଗଭା
ଫୁଲର ଟାହିଆ ଦେବି, ବାହୁରେ
ବାହୁଟି, ପାଦରେ ପିଂଧେଇ ଦେବି
ରୂପାର ପାହୁଡ଼
ତମ ତନୁ ତମାଳ ବନରେ ଦେହମନ
ଏକାକାର, ବାଟଘାଟ ଦିଶୁ ନାହିଁ
ଆଷାଢ଼ ଆକାଶେ ଡେଣା ଝାଡ଼େ
ଅଦିନିଆ ଝଡ଼।

ଏ ଝଡ଼ ରାତିରେ ସଖୀ
ଉହଳବିକଳ ମନ, ଖିଲିଖିଲି
ହେମାଳ ପବନ
ଖର ନିଃଶ୍ୱାସରେ ଚମକି ଉଠୁଛି ଛାତି
କିଏ ଆଉ ଦେବ ଥରେ ମଧୁର ଚୁଂବନ।

ତମ ପଦ୍ମକୋରକରେ ସମର୍ପିତ ସତ୍ତା
ମୋର ରୁମଝୁମ୍ ରୁମଝୁମ୍ ନୂପୁର
ଆୱାଜ, ନିବିଡ଼ ଆଶ୍ଳେଷେ ଥରେ
ଜଡ଼ିଯାଅ ମୋ' ଦେହରେ ମନୁ ତେଜି
ଭୟ ଆଉ ଲାଜ।

ଘନଘୋର ବିପିନରେ ଝଡ଼ ଆଉ
ହେମାଳ ରାତିରେ
ଦେହ କ'ଣ ବୁଝିପାରେ ଲୋକାଚାର
ନୀତି ଓ ନିୟମ,
ଦେହର ସମ୍ପର୍କ ବିନା ମନ ଏକ
ଅର୍ଥହୀନ ଶବ୍ଦ
ତମ ଗୁରୁ ଜଘନର ହାଡ଼ ଓ ଗଂଠିରେ
ଅଶରୀରୀ ପ୍ରେତାତ୍ମାର
କିଳିକିଳା ନାଦ।

କେତେ ନିଛାଟିଆ ଲାଗୁଅଛି ହାଉଯାଉ
ଲୋକ ଗହଳିରେ
କେତେ ନିଛାଟିଆ ଲାଗୁଅଛି ତମ ବିନୁ
ଏକାଏକା ତମାଳ ବନରେ,
ତମେ କି' ଯେ' ପଂଚଭୂତ ଶରୀରର
ଏକ ଓ ଅଭିନ୍ନ ?
ତମେ ନଥିବାରୁ ପାଖେ ତମ ଛବି
ଭାସୁଅଛି ମନ ଆଇନାରେ ଅନେକ
ରଂଗରେ, ତମେ ପାଖେ ନଥିବାରୁ ଭାରି
ଡର ମାଡୁଛି ସତକୁସତ ଏଇ
ଅଗମାଗମ ଶ୍ୟାମ ବନାନୀରେ।

କେବେ ଯେ' ଆସିବ ତମେ
ଉତ୍‌କଂଠାରେ ବସିଛି ମୁଁ ତମ ବାଟ
ଚାହିଁ ଜିଦ୍‌ଖୋର ପିଲା ପରି ଗୋଟିଏ ଜିଦିରେ,
ଆସବା' ନ ଆସ ତମେ
ଏଇ ଜନ୍ମ ଶେଷ ଜନ୍ମ ନୁହେଁ
ଅପେକ୍ଷାରେ ବସିଥିବି ଜନ୍ମଜନ୍ମ ଯାଏଁ ॥ ❑

॥ ୮ ॥

କେଉଁ ନାମରେ ତମକୁ ଡାକିବି ପ୍ରିୟତମା ?
ଶ୍ୟାମା ସୁତପା ବିଶାଖା କାଂତା ମନୋରମା
ନା, ପୁଷ୍ପା ବିଥିକା ଭଦ୍ରା
ମଲ୍ଲିକା ତିଲୋତ୍ତମା ?

ଯେଉଁ ନାମରେ ଡାକିଲେବି' ପ୍ରତିଧ୍ୱନିତ
ହୋଇ ଉଠେ ତମ ନାମ
ମୋ'ସ୍ନାୟୁର ପ୍ରତିଟି ଶିରାପ୍ରଶିରାରେ,
ଚଉଷଠି ବର୍ଷ ପରର ଏଇ ମଧୁର
ଗୋଲକରେ ତମରି କୋମଳ ଡାକ ଥର୍ଥର
ପବନରେ କ୍ଷଣୁକ୍ଷଣ ଅନୁରଣିତ, ତମେ କି'
ଗୋ କେଉଁ ଅଦୃଶ୍ୟ ଅପହଂଚ ପୃଥିବୀର
ସ୍ୱପ୍ନ ପାରିଜାତ
ପ୍ରତି ରକ୍ତ କଣିକାରେ ବିସ୍ତାରିତ ଦୁଃଖର ଦିଗଂତ ।

ଦେହର କୋଣାର୍କେ ତମର ମୁଁ ଏକ
ଭଂଗାରୁଜା ନିସ୍ତେଜ ନିର୍ବାକ ମୂର୍ତ୍ତି
ଯାହା ଦୃଶ୍ୟ ଜଗତରେ ଅତି
ମୁଲାଏମ ଅଥଚ, କରୁଣ,
ଅଦୃଶ୍ୟ ଜଗତେ ଆମ ସ୍ଥିତି ନିରର୍ଥକ
ଧୂସର ଧ୍ୱାଂତ ଓ ବିବର୍ଣ୍ଣ।

ବେଳେବେଳେ ସ୍ନେହମୟୀ ମାଆଟିଏ
ପରି ତ ବେଳେବେଳେ ନାକକାଂଦୁରୀ
ପତ୍ନୀଟିଏ ପରି ଅନେକ ଦୂର ଦୂରାଂତରୁ
ତମେ ମନେ ହୁଅ ଯେ'
ମୁଁ କୋଟିକୋଟି ଦେବଦେବୀ
କୋଟିକୋଟି ଚଂଦ୍ର ସୂର୍ଯ୍ୟ ଗ୍ରହ ନକ୍ଷତ୍ର
ଭୁଲିଯାଏ, ଭୁଲିଯାଏ ବୋଉର
ଅକପଟ କୋମଳ ମଧୁର ଡାକ
ଭୁଲିଯାଏ ସ୍ଥିରୀକୃତ ଭାଗ୍ୟ
ଅନିଶ୍ଚିତ ଅଥଚ, ଦୃଢ଼-ନିଶ୍ଚିତ
ଭବିଷ୍ୟତ, ସମର୍ଥ ପୁରୁଷ ପୁଂଗବ ପରି
ମୋର ଯେତେ ନିପାରିଲାପଣ,
ପ୍ରେମରେ ହେଉ କି, ଘୃଣାରେ
ହେଉ ତମରି ପ୍ରେମରେ
ବଂଧା ମୋର ଅବଶିଷ୍ଟ ବଳକା ଜୀବନ ॥

❑

॥ ୯ ॥

ତମ ପୃଥିବୀରେ ଦିନୁଁଦିନ ଭୀଷଣ ଅସ୍ୱସ୍ଥି
ସବୁ ଦୃଶ୍ୟ ହଠାତ୍ ଅଦୃଶ୍ୟ ହୋଇଯାଏ
କେଉଁ ଶୀର୍ଷତମ ଗୋପନ ବିଂଦୁରେ,
ସବୁ ଚିତ୍ର ବିଭସ୍ତ ଓ କଳା କିଟିମିଟି
ନେଗେଟିଭ୍ ପରି ଦିଶେ
ଯେ' ଅଭାଗା କବିର ସଂସାରେ।

କବିର ସଂସାର ଛାଡ଼ି
ଆଜନ୍ମ ବୈରାଗୀ ପରି
ଏଠିସେଠି ଜୀବନ ଜିଉଛି
ଛାଇ ପରି ତମ ପଛେପଛେ
ଥାଇ ନ ଥିଲା ପରି ମୁହଁ ମାଡ଼ି
ପଡ଼ିଅଛି ଚାରିକାତ ମେଲି।

କି ଅଦ୍‌ଭୁତ ରହସ୍ୟମୟ ସଂସାର ତମର
ପ୍ରିୟତମା, ଚାରିଆଡ଼ ନିବୁଜ ନିଥର
ପାଣିରେ ତିଆରି ଗାର ପରି ଚାରି ଦିଗୁଁ
ଛୁଟି ଆସେ ଈର୍ଷା ଓ ଅସୂୟାର ଶାଣଦିଆ ଶର ।

ସୁନାନାକୀ ଲାବଣ୍ୟ ଜରଜର ସ୍ତ୍ରୀ ମୋର
ହୀରାର ନୂପୁର ନାଇ ରୁଣ୍‌ଝୁଣ୍ ଶବ୍ଦ
କରୁଅଛି, ନାଲି ଟୁକ୍‌ଟୁକ୍ ଓଠରେ
ଢେଉଢେ଼ଉକା ଲହରୀ ଖେଳାଇ କୋଡ଼ପୋଛା
ଅଲିଅଳ ଗଂଠିଧନ ମୋର
ରଂଗୀନ ଟି.ଭି.ଟିଏ ପାଇଁ ଅଝଟ କରୁଛି,
ଅଂଧାରିଆ ଗଂଭୀରି ଘରେ
ଦିକିଦିକି ଦୀପ ଆଲୁଅରେ
ଗଳା ଘୁଡୁଘୁଡୁ କରୁଥିବା ବୁଢ଼ି ମା' ମୋର
ଦଶମ ସ୍କନ୍ଦର ଧାଡ଼ି ସୁର ଦେଇ ଆବୃତ୍ତି କରୁଛି ।

ତିନି ପୁରୁଷର ଗାଆଁ ଢିଅ
ଘରବାରି କଲମୀ ଆମ୍ବ-ବଗିଚା
ଚିର ଉପେକ୍ଷିତ ଦଳୁଆ ମାଛ ପୋଖରୀ
ସଂତସଂତିଆ ସନସନ କଂଟା ବାଉଁଶର
ପତ୍ରଝଡ଼ା ବଣ, ସଂକ୍ରାଂତି ପାଳିର
ମହୋତ୍ସବ, ଦଶଦୋଳ ମେଳଣ
ସବୁ ଥାଇ ନ ଥିଲା ପରିକା ଗୋଟେ ଭଦ୍ର
ଉଦାସ ମାର୍ଜିତ ଜୀବନ
ଅଥଚ, ଚଉଖାନି ଦଶଦିଶ ଶୁଖିଲା
ଓ ପତ୍ରଝଡ଼ା, ଥୁଂଟାଥୁଂଟା ଗଛବୃଛ
ସଦ୍ୟବିଧବାର ଶେଥା ଶିଝା ମୁହଁ
ପରି ଉଦାସ ମଳିନ ।

କେତେକେତେ କଥା ଥିଲା
କହିବାର ମନ ଖୋଲି ତମାଳ ବନରେ
ପଦୁଟିଏ କହିବାକୁ ଜୁ ନାହିଁ
ଶ୍ୱାସରୁଦ୍ଧ ହେଲା ପରି ଲାଗୁଅଛି
ବର୍ଷ ପରେ ବର୍ଷ
ବିତିଯିବା ପରେ ତମରି ସ୍ମୃତିରେ ।

ସବୁ କିଛି ଅକସ୍ମାତ୍ ହଜିଗଲା ପରେ
ଭରପୂର ଯାତ୍ରୀବାହି ଚଳଂତା ଟ୍ରେନ୍‌ରେ
କ'ଣ ଆଉ ବାକୀ ଥାଏ ଯେ'
ଚମ ଧୁଡୁଧୁଡୁ ବୁଢ଼ା ପରି ବାଡ଼ି ଠୁକୁଠୁକୁ କରି
ଅପେକ୍ଷାରେ ଚାହିଁ ବସିଥିବି କାଳେ ତମେ
ବାଟ ହୁଡ଼ି ଆସିଯିବ ଦିନେ ନା' ଦିନେ ଭୁଲ ବାଟରେ ।

ସବୁ କିଛି ଏପଟସେପଟ ହୋଇ ହଜିଗଲା
ପରେ ମହାପ୍ରଳୟରେ
ସ୍ମୃତି ଟିକେ ଖାଲି ଯାହା
ରହିଯାଏ ନିଜ ଅଜାଣତେ କେଉଁ ଖାଲ
ଖମା ଖୋପ ଓ ସଂଧିରେ ଯେ' ଲୁକ୍‌କିନି
ହୋଇଯାଏ ଅବଶ ହୃଦୟ, ହସିହସି
ମେଲାଣି ନିଅ ଗୋ ପ୍ରିୟତମା ଜନ୍ମ
ଜନ୍ମାଂତର ପାଇଁ ବିଦାୟ ବିଦାୟ ॥

❑

॥ ୧୦ ॥

ଦିନ କ'ଣ
ରାତି କ'ଣ
ତମରି ଚିଂତାରେ ମୋର
ମନ ଜରଜର,

ତମେ ପାଖେ ନ ଥିବାରୁ
ଅଂଧାର ଦିଶୁଛି
ମତେ ଚଉଦ ଭୁବନ,

ହଂସା ଉଡ଼ିଗଲା ପରି ଲାଗୁଅଛି
ପ୍ରତି ମୁହୂର୍ତ୍ତରେ, ସବୁଠି ତମରି
ଛାଇ ଭୂତ ପରି ଟହଟହ ହସୁଅଛି
କାଳିସୀ ଲାଗିଲା ଭଳି ମତେ
ଲାଗୁଛି ଉଦୁଉଦିଆ ଖରାବେଳଟାରେ,

ମଂଦାର ଫୁଲର ମାଳ ଗଳାରେ
ଝୁଲେଇ ମୁଁ ନାଚୁଛି ତ ନାଚୁଛି
ଅହୋରାତ୍ର ତମରି ସ୍ମୃତିରେ।

ମତେ କିଛି ନ କହି
ଘରବାହୁଡ଼ା ଚଢ଼େଇଟି ପରି
ଏକମୁହାଁ ହୋଇ

ଗଲ ଯେ' ଗଲ
କେତେ ବର୍ଷ ହେଲା ମନେ ଅଛି ?
ମନେ ଅଛି
ସେ ଦିନର ତିଥି ବାର ରାଶି ଓ ନକ୍ଷତ୍ର ?
ମନେ ଅଛି
ମୋ' ଭାଗ୍ୟ ରେଖାରେ ଶନି ଥିଲେ
କେଉଁ ଘରେ କେତେ ବ୍ୟାସାର୍ଦ୍ଧରେ ?
କେଉଁ ବିଧି ନିର୍ଦ୍ଦେଶରେ
ପୁରୁଣା ଚିଠି ଖଂଡ଼େ ପରି ମାଡ଼ିମକଚି
ହୋଇ ତମେ ମୁହଁ ମାଡ଼ି ପଡ଼ି ରହିଲ
କୋଉ ଅଳଂଧୁ ଭର୍ତ୍ତି ଘର କୋଣରେ ଥିବା
ଟିଣ ସିଂଦୁକରେ ଯାହା ଦିନେ ଗଲା
ତମର ଅତି ପ୍ରିୟ ଅତି ଆପଣାର।

କା'ଆଗେ କହିବି ମନ କଥା ପ୍ରିୟତମା
ସଭିଏଁ ତ ଏ' ମର ସଂସାରର
ବିଷାଦ ନଈରେ ଭାସମାନ ଗୋଟେଗୋଟେ
ଫଟାଟୁଟା ଦୁଃଖର ଜାହାଜ,
ବେଳ ନାହିଁ କାଳ ନାହିଁ
ଘମାଘୋଟ ବହଳ ଅଂଧାର ଘୁ ଘୁ ମାଡ଼ି
ଆସୁଛି ପାଦତଳ ପୃଥ୍ୱୀ ଦୁଲୁକୁଛି
ମୁଁ ତମ ପ୍ରେମରେ ଚିରକାଳ ବଂଧା
ଜାତିଗୋତ୍ରକୁଳଶୀଳହୀନ ଉଦାସ ପ୍ରେମିକ ॥

❑

॥ ୧୧ ॥

ବେଳ ଅବେଳ ନ ମାନି
ତମ ଛବି ଅଶରୀରୀ ପରି
ଆସି ଠିଆଉଭା ହୁଏ ବଂଦ
ଝର୍କା ଖୋଲି
ମଂଦ ପବନରେ ଭାସିଭାସି
ଆସେ ତମ ମିଠା ଚିନିଚଂପା ସ୍ୱର
ମହମହ ବାସ ଉଠେ
ଦେହ ପଖଳା ବାସି ହଳଦୀର
ପାଣି ଫୋଟକା ପରି କଥା ସବୁ
ଭୁଟ୍‌ଭାଟ୍ ଶବ୍ଦ କରେ
ଅନାବନା ଅକଥା କଥାରେ, ଦେଖୁଦେଖୁ
ଉଦାସିଆ ଦିନ କାଳ ମୋର
ସରିଯାଏ ଯାଏ ଅବେଳ ବେଳରେ ।

ଦିନ ସରେ ମନ ମରେ
କଥା ସରେ ନାହିଁ
ପଦୁଟିଏ କଥା ପାଇଁ ଗୋଟିଏ
ଜୀବନକାଳ ଅଂଟେ ନାହିଁ, ମନ
ହୁଏ ଛଟପଟ ତୁମ୍ଭ ସହ
ଲକ୍ଷେ କୋଟି ଯୁଗ ଜିଇବାର ପାଇଁ ।

ପ୍ରିୟତମା, ଇଏ କି ଉଦଗ୍ର ଇଚ୍ଛା
ଯାହାର ଶେଷ କି, ଆରଂଭ କେଉଁଠି
କିଛି ଜଣା ନାହିଁ
ତମ କଥାସବୁ ଜାଣିବାକୁ
ଗୋଟିଏ ଜୀବନ କାଳ ପର୍ଯ୍ୟାପ୍ତ ନୁହେଁ
ମରୁ ମରୁ ମୁଁ ଜିଇ ରହିଛି ଖାସ୍ ତମ ପାଇଁ।

ଦିନେ ମୋର ସବୁ ଅଝଟପଣର କିଛି
ଅର୍ଥ ଥିଲା, କେତେକେତେ ମାୟାର
ବଂଧନ କାଟି ମୁଁ ଆସିଥିଲି
ବାରଅବାର ନ ମାନି ଅଭିଶପ୍ତ
ପ୍ରେମିକଟି ପରି ତମରି ପାଖକୁ,

ମୁହାଁମୁହିଁ ଭେଟ ହେଲେ ପଦେ ଅଧେ
କଥା ହେବି, ଭଲମଂଦ ପଚାରିବି
ଏକା ଏକୁଟିଆ ହୋଇ ଜିଇ ରହିବାର
ଦୁଃଖ ଠାରୁ ଆଉ କୋଉ ଦୁଃଖ ଅଛି ଯେ'
ଏତେ ବେଶୀ କଷ୍ଟ ଦେବ ଏଇ ଜୀବନରେ।

ବିରହ ବିଧୁର ପ୍ରାଣ ଶୋକରେ ଅଧୀର
କେଉଁ ଘଂଚ ଡାଳ ଗହଳରେ ମୁକୁଳା
କେଶରେ ବସି ଶୋକଗୀତ ଗାଉଅଛ
କିଏ ଆଉ ଦେବ ଆସି
ଶାପଗ୍ରସ୍ତ ଜୀବନରେ ସୁଖଦ ଖବର।

ମୋର ଯେତେଯେତେ ଖୋଜାଲୋଡ଼ା
ଫୁଲ ଛିଂଡ଼ା
ଡାଳ ଭଂଗା

ଭଂଗାଗଢ଼ା ଶବ୍ଦର ମଂଥନ
ଗହନ ବନରେ ସବୁ ନିରର୍ଥକ
ତମ ବିନା ଶବ୍ଦହୀନ ବିଅର୍ଥ ଜୀବନ।

ପ୍ରିୟତମା,
ଯେଉଁଠି ଯେପରି ଯେଉଁ
ଅଭାବଭାବରେ ଥାଅ ପଛେ
କଥା ଜମା ଲୁଚେ ନାହିଁ
କଥାସବୁ ଶବ୍ଦ ବାଣ
ପବନରେ ଭାସିଭାସି ଯାଏ
ଯୋଜନ ଯୋଜନ,

ଏଇ ଦେହ ଏଇ ମନ ନେଇ
ଯିବା ଲୋକ ଆଉ କେବେ ଫେରେ ନାହିଁ
ସାରା ରାତି ଛଟପଟେ ବିତୁଥାଏ
ସାରା ରାତି ତମରି ସ୍ୱପ୍ନରେ
ମୋର ଜର୍ଜରିତ କ୍ଲାଂତ ତନୁ ମନ ॥

❑

॥ ୧୨ ॥

ପାଟଳି ଫୁଲରେ ତମ ଗଢା
ଚହଟ ଚିକ୍‌କଣ
ଆସ, ମୋ' ପାଖରେ ଜାକିଜୁକି
ହୋଇ ବସ, ଘଡ଼ିଏ ଅନେଇ ଦେଖ
କେତେ ଫିକା ଓ କେତେ
ଉଦାସ ଦିଶୁଛି ମୋ'ମୁହଁ
ଯାହା ତମ ପାଇଁ ଦିନେ
ଜହ୍ନାଲୋକ ପରି ଥିଲା
ଅତି ପ୍ରିୟ, ଅତି ସୁହାଗର ।

ପାଟଳି ଫୁଲରେ ତମ ଗଢା
ଚହଟ ଚିକ୍‌କଣ
ପାଟଳି ଫୁଲର ରଂଗ ତମ ଶାଢ଼ି
ସାରା ତମ ଦେହ
କେତେ ମୋର ପ୍ରିୟ,

ମୋ'ମନର ଉଜୁଡ଼ା ବଗିଚାରେ
ସଂଜେ ଫୁଟି ସକାଳେ
ମଉଳୁଥିବା ତମେ ଏକ ମତୁଆଲା ଅପାଶୋରା
ଫୁଲ, ଆସ, ପାଖେ ବସ
ମନ ଖୋଲି କଥା ଟିକେ ହୁଅ
ତମେ କି' ମୋ
ଦିକିଦିକି ଜଳୁଥିବା ହଂତସଂତ ଜୀବନରେ
ଏକ ମାତ୍ର ଅଲିଭା ପ୍ରୀତିର ମଶାଲ ।

❑

॥ ୧୩ ॥

ଆଦ୍ୟ ଆଷାଢ଼ର ତମେ କି' ଗୋ
ପଟାପଟା ଭାସମାନ ଧଳା ମେଘ
ଜୀବନ ଓ ମୃତ୍ୟୁରେ ବି
ଦିଶ ଲୋଭନୀୟ,

ତମେ କି' ଗୋ ଦିଗହରା ଅଜଣା
ଚଢ଼େଇ ମେଘ ମେଦୁରିତ ଘନ ନୀଳ
ଆକାଶରେ ଏକାଏକା ଉଡ଼ି ବୁଲ
କବିର ପୃଥିବୀ ଏଠି
ତମ ବିନୁ କେଡ଼େ ଅସହାୟ।

ସ୍ମୃତି ଫୁଲ ବଗିଚାରେ
ତମେ ମୋର ଫୁଲ ରାଣୀ
ଗଭାରେ ଖୋସିଛି ଫୁଲ ପାଟଳି ବର୍ଣ୍ଣର
ଗାଢ଼ ନାଲି ଅଳତାରେ
ଗୁରୁଗୁରୁ ହଳଦୀ ଗନ୍ଧରେ
ଅଦିନିଆ ମେଘ ପରି ତମେ ଦିଶ
ଶାଂତ ଓ ଉଦାର।

ଖୋଲିଦିଅ ପ୍ରିୟତମା ତମ ଗଭା
ଆଦ୍ୟ ଆଷାଢ଼ରେ
ଘନକଳା ଚିକ୍କଣ କେଶରୁ ଝରି ପଡୁ ମୁଠାମୁଠା ମୁକ୍ତାର
ଫସଲ, ଆକାଶେ ଆକାଶେ ଛୁଟେ ଘମାଘୋଟ
ମେଘର ଇଗଲ,
ପୃଥିବୀର ଛାତି ଫାଡ଼ି ମହମହ
ଭାସି ଆସେ ମାଟି ଗଂଧ, ଉତ୍ତେଜିତ
ମନ ଓ ବୟସ
ଆସ ପ୍ରିୟେ, ପ୍ରିୟତମା
ମୁକୁଳା ଗଭାରେ ତମ ଫୁଲଟିଏ ଖୋସିଦେବି
ଅପାଶୋରା ଆମ ସ୍ମୃତି ଜୀବନ ନଈରେ
ଭାସେ ଅବାରିତ ଲକ୍ଷ୍ୟଚ୍ୟୁତ
ଦୁଃଖର ଜାହାଜ ॥

❏

॥ ୧୪ ॥

ତମ ସ୍ମୃତି ଘନକଳା ମେଘ ପରି ଭାସି ଆସେ
ଧାରା ଶ୍ରାବଣରେ
କେଉଁ ଦୂର ବନୁଁ ଉପବନୁଁ

କାହିଁକି ଏମିତି ଲାଗେ
ତମ କଥା ଅଚାନକ ମନେ ପଡ଼ିଗଲେ
ରକ୍ତଚାପ ବଢ଼ିଯାଏ, କ୍ଷୀଣ
ଦେହ ମଳିନ ମଳିନ ଦିଶେ, ମନ ଜମା
ବୁଝେ ନାହିଁ ମନ ଝୁରି ହୁଏ,
ବତୁରା ମାଟିର ବାସ୍ନା ମୋ' ଆୟୁଷ
ଆସ୍ତେଆସ୍ତେ କ୍ଷୟ କରି ନିଏ।

ମାଟିର ଗଂଧରେ
ଆଉ ତମ ଫିକା ସ୍ମୃତି ଭିଜା ଆକାଶରେ
ହାଲ୍କା ବାଦଲ ପରି ପ୍ରାଣ ପକ୍ଷୀ
ପୋଡ଼ା ପିଂଢ଼ ଛାଡ଼ି ଉଡ଼ିଉଡ଼ି ଯାଏ,
ଡେଣା ଛିଡ଼େ, ଡେଣା ବଢ଼େ ବାଟ
ସରେ ନାହିଁ, ଆକାଶୁଁ ଆକାଶ ଡେଇଁ
ମହାକାଶେ ତମ ସ୍ମୃତି
ପବନେ ଖେଳଇ।

ହେମାଳ ପବନ ବହେ ଧାରା ଶ୍ରାବଣରେ
ନଚାଇ ନଚାଇ କ୍ଳାଂତ ଡେଣା ବିଚିତ୍ର ଛଂଦରେ
ଆକାଶେ ଆକାଶେ ଝଲମଲ
ଅଚାନକ ଘନଘୋର ମେଘର ଇଗଲ
ଲାଜୁଆ ଆଖିରେ ଆଉ ଲାଜଲାଜ ଚାହାଁଣିରେ
ତମ ମୋ'ଅର୍ଜିତ ପୃଥିବୀ
ବିଧବାର ଅଂଗବାସ ପରି ଦିଶେ କେଡ଼େ ନାରଖାର।

ମୋ'ଆୟତେ ମୁଁ ରହେନି ଅଚାନକ ଶ୍ରାବଣ
ଆସିଲେ, ବଜାଇ ମେଘଡ଼ଂବରୁ ମୋ
ରକ୍ତରେ ତୂର୍ଯ୍ୟନାଦ କଲେ,
ମୋ'ଆୟତେ ଅଚାନକ ମୁଁ ରହେନି
ତମ ସ୍ମୃତି ବାଟହୁଡ଼ା ଚଢ଼େଇର
ଚିକିମିକି ପର,
ମାଟିରେ ଲୋଟୁଛି ମାଟି ଘଟ
ଆକାଶରେ ଯୋଗସ୍ଥ ମୁଦ୍ରାରେ ଉଭା
ଉଦାସ ଈଶ୍ୱର।

ଅସୁମାରି ତମ ସ୍ମୃତି ତମେ ଏକ
ସ୍ୱପ୍ନ ପାରିଜାତ,
ଯମୁନା ନଈ ପଠାରେ ଅପେକ୍ଷାରେ
ମଉଳୁଛି ବାଲି ଶେଯ
ରୁମୁଝୁମୁ ରୁମୁଝୁମୁ ତମ ପାଦର ପାଉଁଜ।

❑

|| ୧୫ ||

ଯୁଆଡ଼େ ଚାହିଁଲେ ଦେଖ
ଧୋବ ଫରଫର ଚଂଦ୍ରାଲୋକ
ତମ ପିଂଧା ଶାଢ଼ି ପରି
ଭୂଇଁରେ ଲୋଟୁଛି,
ଗୁଳ୍ମଭରା ପାହାଡ଼ ସେପଟେ
ସୁରକ୍ଷିତ ଅଭୟାରଣ୍ୟ
ଝିଂକାରିର ଝିଂ ଝିଂ ସାଇଁ ସାଇଁ
ଶବ୍ଦ ହେଟାର ଗର୍ଜନ,
ବିଭତ୍ସ ରସର କାନଫଟା ଗୀତ
ଘନଘୋର ଗହଳିଆ ଗଛ
ଉହାଡ଼ରେ, ତମେ ଖୁବ୍ ତୋଫା
ଦିଶ ଚଂଦ୍ରାଲୋକେ ମୋହିନୀ ବେଶରେ ।

ଆକାଶୁଁ ପାତାଳ ଯାଏଁ ମୁଁ
ଭାବୁଛି କେତେ କଥା
ମନକୁ ମନ ହସୁଛି କାଂଦୁଛି, ଠିକ୍
ପର ମୁହୂର୍ତ୍ତରେ ଅଗ୍ୟାଂତ ଦୁଃଖରେ
ଗୋଟିପଣେ ଭୟରେ ଥରୁଛି, ଭୁଲ୍
ଖେଳ ଖେଳିଥିବା ଖେଳାଳି ଯେମିତି
ଲାଜ ସରମରେ କୁଂକୁରିକାଂକୁରି ହୁଏ
ଶହଶହ ଦର୍ଶକ ସାମ୍‌ନାରେ
କଥାସବୁ ଗୋଟିଗୋଟି କରି ପଛକୁପଛ
ଘଟିଯାଏ ଘଟଣାଚକ୍ରରେ ।

ଘଟଣାଚକ୍ରରେ
ଧୂସର ବିବର୍ଣ୍ଣ ଏକ ଫର୍ଚ୍ଚା
ସ୍କ୍ରିନ୍ ପରେ ଘଟିବାକୁ ଥିବା କଥା
ଓ କେତେ ପୁଣି ନ ଘଟିବା କଥା
ଘଟି ବସେ କିଂତୁ, ତମେ ଆଦୌ
ନ ଥାଅ ସପ୍ତଦୀପା ମହିମଂଡ଼ଳରେ,
ତମ ସୋର ଶବ୍‌ଦ ଶୁଭେ ନାହିଁ
କଳା କିଟିମିଟି ତମାଳ ବନରେ ।

ଯୁଆଡ଼କୁ ଆଖି ଖୋଲି ଚାହିଁଲେ
ବି ତମ ଛାଇ ଦିଶେ ନାହିଁ ଚଂଦ୍ରାଲୋକେ
ଘନ ବନାନୀରେ ତଥାପି, ମୁଁ ଖୋଜିଖୋଜି
କ୍ଲାଂତ ହୁଏ କାଳେ ଅକସ୍ମାତ୍ ପାଇଯିବି
ହଜିଥିବା ତମ ପାଦ ପାଉଁଜିରୁ ପଟେ ॥

❑

॥ ୧୬ ॥

କାହାର ଦେହରେ ଆତ୍ମାରେ ତମେ
ଛାଇ ପରି ଲୁଚିଛପି ରହିଥାଅ ପ୍ରିୟତମା
କେଉଁ ଅହଂକାରୀ ଅସମର୍ଥ ପୁରୁଷର
କପଟପାଶରେ, କେଉଁ ଶୀତଳ ମୃତ୍ୟୁର
ଦୃଢ଼ ଆଲିଂଗନେ ?

ପ୍ରଥମ ସାକ୍ଷାତ୍ ବେଳେ ଦିଆନିଆ
କଥାସବୁ ଭୁଲିଯାଅ
ମୁଁ ତମ ବାଟ ଚାହିଁ ବସିଥାଏ ଯେ' ବସିଥାଏ
ଦୁଃଖଭରା ଶୀର୍ଣ୍ଣ ଯମୁନା ପୁଳିନେ ।

ବାଲିର ଶେଯରେ ମୋର ଫିକା ନୀଳ
ଉଦାସ ଶରୀର
ଆକାଶରେ ଅପର୍ଯ୍ୟାପ୍ତ ଚଂଦ୍ରାଲୋକ
ଆସ ଆସ ଉଚ୍ଛୁର ନକର
କାଚକେଂଦୁ ଯମୁନା ଜଳରେ ଭାସେ
ଢେଉ କାଟି ତମ ଗଭା ଫୁଲ
ଓ ଯୁଆଡ଼େ ଚାହିଁଲେ ଜହ୍ନିଫୁଲ ପରି
'ଠୋ'ଠା' ବିଂଚି ହୋଇ ପଡ଼ିଥାଏ
ଧୋବ ଫରଫର ଚଂଦ୍ରାଲୋକ ॥

❑

॥ ୧୭ ॥

ମୋ’ ସାଥିରେ ଅବଶିଷ୍ଟ ଜୀବନ
ଜିଇବ ବୋଲି ଦିନେ ମତେ କଥା
ଦେଇଥିଲ ପ୍ରିୟତମା
ମୋ’ସାଙ୍ଗେ ଛାଇର ଛାଇ ପରି
ଜାକିଜୁକି ହୋଇ ସ୍ୱର୍ଗ ନର୍କ ଅବା ପାତାଳକୁ
ଯିବ ଅଥଚ, ତମ ଆସିବାର ଦିନ ହାତ ପାଉ ନ ଥିବା
ପଦ୍ମ ପରି ଘୁଂଚିଘୁଂଚି ଯାଉଛି, ମହଳଣ
ଦିଶୁଛି ଫୁଲଶେଯ ଲତା ଗହଳିରେ,
ପୁଷ୍ପଧନୁ ଭାଙ୍ଗିରୁଜି ମାଟିରେ ଲୋଟୁଛି
ପରାସ୍ତ ସୈନିକର ଭାଗ୍ୟ ପରି ଦୁର୍ଦ୍ଦିନର
ଘନକଳା ରାତି ଧୀରେଧୀରେ
ଆମ ପୃଥିବୀକୁ ଆମ ଅଜଣାତେ ଅକ୍‌ଟୋପାଶ୍
ପରି ଗ୍ରାସ କରୁଅଛି ।

ମୁକୁଳା ପଡ଼ିଛି ଘର
ମୁକୁଳା ଓ ଖୋଲାମେଲା ଅର୍ଜ୍ଜିତ
ସଂସାର, ପାଂଚଫୁଟ ସାତ ଇଂଚର
ଶ୍ୟାମଳ ଶରୀର ପାଇଁ କେତେ ଡର ଭୟ
ମୋହମାୟା କେତେ ଯେ’ ଆଦର ।

ତମରି ଚିଂତାରେ ଦିନୁଁଦିନ ଶୁଖିଶୁଖି
କଂଟା ପରି ଦିଶିଲାଣି ଦେହ
ହେପାଜତ କରିବାକୁ, ରାତି ଅଧେ
ନିଶାଚୁର୍ ହୋଇ ଘରକୁ ଫେରିଲେ
ଆକଟ କରି ପଦେଅଧେ କହିବାକୁ
କି, ରାଗ ତମତମ ହୋଇ ଘରୁ ବାହାର
ବାହାରୁ ଘର ହେବାକୁ,
ଅଭାଷାଭାଷାରେ ଗାଳିମଂଦ କରିବାକୁ ତମ
ବିନା କିଏ ଆଉ ଅଛି ମୋର ପ୍ରିୟତମା,
ରକ୍ତରେ କାଟଂତି ବାଡ଼ ସାଇଭାଇ
ଗ୍ୟାଂତି ସହୋଦର
ତମରି ପ୍ରେମର ମଦେ ମଦମତ୍ତ
ୟେ' ଅଲୋଡ଼ା ବିଅର୍ଥ ଶରୀର ॥

❑

॥ ୧୮ ॥

ତମ ପରିତ୍ୟକ୍ତ ପୃଥିବୀରେ
କେତେ ଅଘଟଣ ନ ଘଟୁଛି,
ସକାଳର ସଂବାଦପତ୍ରରେ
ଅକ୍ଷରର ବୋମା ସବୁ ନିତି
ଫୁଟୁଅଛି ବିକଟ ଶବ୍ଦରେ,

ଚା'କପ୍ ବେଲୁଁବେଳ ଥଂଡ଼ା
ପାଲଟୁଛି, ଏଘରୁ ସେଘର ନସରପସର
ହୋଇ କାହାର ଅଦୃଶ୍ୟ ଆତ୍ମା
ପବନେ ଖେଳୁଛି
ଏବଂ ମୋ'ରକ୍ତର ସ୍ୱାକ୍ଷର ଧରି
ଯେ' ପ୍ରପଂଚ ଜଗତକୁ ଆସିଥିବା
ପୁଅ ମୋର ଅନର୍ଗଳ ପୋଷା
ଶୁଆ ପରି ନର୍ସରି ରାଇମ୍ ବସି
ଆବୃତି କରଛି।

ପ୍ରିୟତମା,
ଗେରୁଆ ରଂଗର ଶାଂତ ଶିଷ୍ଟ
ବୁଦ୍ଧ ମୂର୍ତ୍ତି ଭଳି ତମେ ନିଦ୍ରାଗତ
ବରଦ ମୁଦ୍ରାରେ, କେଉଁ କାଳ୍ପନିକ
ପୁରୁଷର ବାହୁବଂଧନୀରେ ଅବା,
ଯୁଗଳ ମୂର୍ତ୍ତିର ଛଂଦେ ଚିତ୍ରାର୍ପିତ
କେଉଁ ଭଂଗାରୁଜା ମଂଦିରରେ
କେଉଁଠାରେ ପ୍ରିୟତମା ଅଛ କି,
ନ ଅଛ ମୋ'ସ୍ୱପ୍ନର ଏରକାର ବନେ
ହରିଦ୍ରା ରଂଗର ନଥିବା ନନ୍ଦନ କାନନେ,
କୁହ ଥରେ ପ୍ରିୟତମା
ତମେ କିଏ ? ମୁଁ କିଏ ?
ଆମେ ଦୁହେଁ କିଏ କେଉଁଠାରେ ॥

❑

॥ ୧୯ ॥

ଭଂଗାଗଢ଼ା ଖେଳଣାରେ ସଜେଇଛି
ମୋ'ଟିକି ସଂସାର
ସଅଳସଅଳ ଆସି ଥରେ ହେଲେ
ଦେଖି ଯାଅ ସୂର୍ଯ୍ୟୋଦୟ ହୋଇଗଲେ
ବିବର୍ଣ୍ଣ ଦର୍ପଣ ପରି ଅସୁଂଦର
ଦିଶିବ ଏ ଘର।

ଶୋକ-ଗୀତିରେ ଥରି ଉଠିବ
ସମଗ୍ର ଅଞ୍ଚଳ
ପ୍ରିୟତମା, ପ୍ରେମ କ'ଣ ବାରଣ ଗଛର
ଫଳ ? ହାତ ବଢ଼େଇବା ମାତ୍ରେ
ସାରା ଜନ୍ମ ହଂତସଂତ
ଜନ୍ମ ଜନ୍ମାନ୍ତର ଯାଏଁ ଡହଳବିକଳ।

ଏପଟେ ନିଶ୍ଚଳ ଗତି-ପଥ ନିରଭ୍ର
ଅଂଧାର, ସେପଟେ ସ୍ୱର୍ଣ୍ଣାଭ ଆଲୋକ
ଓ ଘନ କୋଳାହଳ,
ପ୍ରମୂର୍ତ୍ତ ପ୍ରମୂର୍ତ୍ତ ଭାବ
ପ୍ରୀତିର କଦଂବ ବନେ ଯୋଗୀ ପରି
ଅପେକ୍ଷାରତ ଗାଢ଼ ନୀଳ ବିଷାଦ ମାଧବ।

ମୋ' ନିଜର ଛାଇ ମତେ ଏ ପାରିରେ
ଅତୃପ୍ତ ଅଶରୀରୀ ପରି ଉଠାଏ ପକାଏ
ଅଦୃଶ୍ୟ ସଂଗମେ ରକ୍ତ ମୋର ପାଣି ଫାଟିଯାଏ
ତମ ଆସିବାର ବେଳ ବେଳୁଁବେଳ ଗଡ଼ିଗଡ଼ି ଗଲେ
ମୋ'ଆୟତେ ମୁଁ ରହେନି
ମରଣର ଶଂଖଧ୍ୱନି ଦେହ ଓ ଆତ୍ମାକୁ
କ୍ଷଣକ୍ଷଣ ଖିନ୍‌ଭିନ୍ କରେ।

ତମେ ମତେ ଭୁଲିଗଲେ ପ୍ରିୟତମା
ଆଜିଠାରୁ ସତୁସତ କଥା ଯିବ ସରି
ଜୀବନର ସେପାରିରୁ ଛୁଟି ଆସେ
କୋମଳ ମଧୁର ସୁର
ପ୍ରୀତି ନଈ ଛାତି ଚିରି
ତୁହାକୁତୁହା ଉଠୁଥାଏ ନିଃଶବ୍ଦ ଲହରୀ॥

❑

|| ୨୦ ||

ଜୀବନ ଓ ମୃତ୍ୟୁର
କେତେ ପାଖାପାଖି ଆମେ ପ୍ରିୟତମା
ଆମ ପ୍ରେମ
ଶରତ ଆକାଶ ପରି ଶାଂତ ଓ ନିର୍ମଳ
ପାନପାତ୍ରେ ମଣି ମୁକ୍ତ ପରି ତମ ସ୍ମୃତି
ଚିଦ୍ଦାକାଶେ ମୋର
ନିତ୍ୟ ଢଳଢ଼ଳ ।

ଜୀବନ ଓ ମରଣରେ
ତମେ ମୋର ଶାଂତକାଂତ ମଧୁର ସଂଗୀତ
ନିଃସର୍ତରେ ଗୋଟିପଣେ ମିଶିଯାଅ ମୋ'
ଆତ୍ମାରେ ମୃତ୍ୟୁରେ ବି ମୃତ୍ୟୁଂଜୟୀ
ଚିକିମିକି ଝିଲିମିଲି
ତମ ପିଂଧା ଶାଢ଼ିର ପଣତ ।

ତମେ ମୋର ରସଭରା ତାରା ଫୁଲ
ଦିକିଦିକି ଜଳୁଥାଅ ସ୍ମୃତି ହୋଇ ନୀଳ
ଆକାଶରେ, ପାହାଡ଼ୀ ଝରଣା କୂଳେ
କାଚକେଂଦୁ ଯମୁନା ଜଳରେ
ଯଶୋଦାର ଶୂନ୍ୟ କୋଳେ
ଶ୍ରମଣର ପ୍ରଶସ୍ତ କପାଳେ
ଜୀବନ ଓ ମୃତ୍ୟୁପର ଭିନ୍ନ ଲୋକେ
ଅଦୃଶ୍ୟ ଜଗତର ଭିନ୍ନ ନିଳୟରେ,
ତମେ ଥିଲ ଅଛ ଓ ଥିବ
ନୀଳବୃତ୍ତ ପରି ଆଚ୍ଛାଦି ମୋ'ଦେହ
ମନ ଓ ଆତ୍ମାର
ରେଣୁରେ ରେଣୁରେ
ଚେତନାର ପ୍ରତି ସ୍ତର ପ୍ରତିଟି ବିଂଦୁରେ।

କେଉଁ ଅପରିଚିତ ନିରର୍ଥକ ଶବ୍ଦର
ନାଦରେ ସ୍ୱପ୍ନଭଂଗ ହୁଏ ପ୍ରିୟତମା
ଭିଜାଭିଜା ଅଶିଣର କାକର ରାତିରେ,
ରଂଗଣୀ ଫୁଲର ଗଂଧହୀନ ମହକର
ଲାଲ ଲାଲିମାରେ
ସ୍ୱପ୍ନମୟ ହୋଇ ଉଠେ ଦରଦି ହୃଦୟ,

ଏଇ ଜନ୍ମ ସବା ଶେଷ ଜନ୍ମ ନୁହଁ
ମୃତ୍ୟୁପର ଜୀବନରେ
ଆମ ଭେଟ ହେବ ଦିନେ
ଆଦିଅଂତହୀନ ଆମ
ପ୍ରେମ, ଆମ ପରିଚୟ ॥

❑

॥ ୨୧ ॥

ଧୂମାଭ ଆକାଶେ ସାହାନାଇ ଧାରା
ଶ୍ରାବଣର, ବିଚିତ୍ର ନାଦ ଓ ଲୟରେ ଗୁଂଜରିତ
ନିବୁଜ ନିବାଡ଼ ମୋ'ଶ୍ୟାମଳ ସଂସାର।

ମାଛି ଅଂଧାରରେ ଚାରିଆଡ଼ ବିଷର୍ଣ୍ଣ
ମଳିନ, ଏକାଏକା ଏକୁଟିଆ ଭାବ
ସୁପାତି ଶେଯରେ ଦରମଲା ସାପ ପରି
ଛଟପଟ ଉହଳବିକଳ
ଆମ ସ୍ମୃତିର ବୈଭବ।

କେତେ ମୋହ କେତେ ମାୟା
ମର ଦେହ ପାଇଁ
ବିପୁଳ ପୃଥ୍ୱୀରେ,
କେଉଁ ନ ଥିବା ସାମ୍ରାଜ୍ୟର ଐଶ୍ୱର୍ଯ୍ୟମଂଡ଼ିତ
ଦେବୀ ପରି ଲୋଭନୀୟ ଚିତ୍ରପଟ୍ଟ ଯାହା
ଝଲମଲ ପ୍ରତି କ୍ଷଣ ମନ ଆଇନାରେ,

ପ୍ରତି କ୍ଷଣେ ଚାଲେ ଏଠି ଜୀବନ-ମୃତ୍ୟୁର ଯୁଦ୍ଧ
ଲୁଚାଛପା ଖେଳ, ପ୍ରତି କ୍ଷଣ ତାଳୁରୁ
ତଳିପା ଯାଏଁ ଭେଦିଯାଏ
ଯଂତ୍ରଣାର ଶାଣଦିଆ ତୀର
ବର୍ଣ୍ଣମୟ ଦୃଶ୍ୟରେ ଖୁବ୍ ଭୟାନକ ଦିଶେ
ତମ ମୁହଁ ପ୍ରିୟତମା, ସୁରକ୍ଷିତ ଉଦ୍ୟାନର ମୁଁ
ଭଦ୍ର ଦ୍ୱାରପାଳ
କ୍ଷୋଳ ସହସ୍ର ବଂଶୀର ବାଦକ
ସଂଭୋଗୀ ପୁରୁଷ ପରି ପରିହରେ ଦିନ ବିତେ
ଏକାଏକା ମରଲୋକେ
ଅପେକ୍ଷାରେ ପାହିଯାଏ
ବର୍ଷାଭିଜା ରାତିର ଆୟୁଷ ॥

❑

॥ ୨୨ ॥

ତମେ ନ ଆସିଲେ ପ୍ରିୟତମା
ଧାରା ଶ୍ରାବଣରେ ଭିଜିଭିଜି
ଘନଘୋର ବରଷା ରାତିରେ
ଓଦା ସରସର ଶାଢ଼ି ପିଂଧି ତମ
ସୁଢ଼ଳ ଅଂଗରେ
ୟେ' ଘରର ସବୁ ଝର୍କା ଓ କବାଟ
ଠିଆମେଲା ରହିଥିବ
ସବୁ ଥିବ ଅସଜଡ଼ା ମନ ଓ ମାନସ,

କି'ପ୍ରେମରେ ବାଇଆ କରିଛ
ମତେ ଆଂଠୁଗଂଠି ଛିଂଡ଼ିଲାଣି
ନଟେଇର ସୂତା ପରି ଦିନୁଁଦିନ
ସରିସରି ଆସୁଅଛି
ବଳ ଓ ବୟସ ।

ପ୍ରିୟତମା,
ତମ ଖୋଲାମେଲା ଘନକଳା ବାଳ
ବର୍ଷାଧୁଆ ପାଣିରେ ଲୋଟୁଛି
ଛାତି ତଳ ଦକଦକ
ସ୍ତନ ମୂଳେ ବେଲୁଁବେଲ ଉତ୍ତାପ ବଢୁଛି
ନିଃଶ୍ୱାସ-ପ୍ରଶ୍ୱାସ ଦ୍ରୁତ ଅଶ୍ୱାରୋହୀ ପରି
ଏଣେତେଣେ ଖେଦି ଯାଉଅଛି
କଡ଼କଡ଼ ମଡ଼ମଡ଼ ଶବ୍ଦ କରି ଥୁଂଟା ଗଛ
ମାଟି କାମୁଡ଼ି ମାଟିରେ ଲୋଟୁଛି।

ଏ ମହାଘୋର ଦୁର୍ଦ୍ଦିନ ବେଳାରେ
ଅଣାୟତ ହେଲେ
ସବୁ ହେବ ଭୁଲ୍‌ଭାଲ୍, ଭୁଲ୍ ହେବ
ଲୋକାଚାର ରୀତିନୀତି ଶାସ୍ତ୍ର ଓ ପୁରାଣ,
ଭୁଲ୍ ହେବ ତମ ମୋ ପୃଥିବୀର ମାନଚିତ୍ର
ଶବ୍ଦ ଅଭିଧାନ
କୁଳଛଡ଼ା ବଂଶବୁଡ଼ା ଶହସହସ୍ର ଗୋପାଂଗନାଂକ
ବେଶଭୂଷା ଓ ଅଂଗ ଭୂଷଣ
ଶ୍ରୀଅଂଗୁ ପଡୁଛି ଖସି ପିଂଧା ଶାଢ଼ି
ଦେଖ ଦେଖ, ତୁହାକୁତୁହା ବହୁଚି
ସାଇଁସାଇଁ ଉତ୍ତରା ପବନ।

ଶ୍ରାବଣ ଆକାଶେ ଉଡ଼େ
ଡେଣା ଝାଡ଼ି ଉଦାସ ଚକୋର
ବିଷାଦଯୋଗରେ ମୋର ଠିଆଠିଆ
ପାହିଯାଏ ରାତି ପରେ ରାତି, ହଳାହଳେ
ରୁଧିରାକ୍ତ ଶ୍ୟାମ କଳେବର ॥

❑

॥ ୨୩ ॥

ଆଜିଠାରୁ କଥା ଶେଷ
ତମେ ଯାଅ ତମ ବାଟେ
ମୋ'ବାଟରେ ମୁଁ ।

କଥା ଶେଷ ହେଲାପରେ
ଯିଏ ଯାହା ଭାଗ୍ୟକୁ ଆଦରି
ନିଜ ନିଜ ବାଟେ ଯିବା
ତମେ ଯିବ ତମ ବାଟେ
ମୋ'ବାଟରେ ତ ଏକାଏକା ମୁଁ ।

ମୋ'ବାଟରେ ଚିରଦିନ
ଏକାଏକା ମୁଁ
ମିଂଜିମିଂଜି ଜଳୁଥିବା ଦରଲିଭା
ଦୀପ-ଶିଖା ପରି
ମୋ'ଥିବା ନଥିବା ତମ ପାଇଁ
ଏକାକଥା, ତମେ ଯିବ ତମ ବାଟେ
ମୋ'ବାଟରେ ମୁଁ ।

ସବୁକଥା ଶେଷ ହେଲା ପରେ
ଆଉ କୋଉ ଅକୁହା କଥାଟି ପାଇଁ
ମନ କଲ ପ୍ରିୟତମା,
ନିଜ ଅଜାଣତେ ନିଜ ଛାଇ ଦେଖି
ଭୟରେ ଥରିଲ ଓ ଥରିଥରି ହାତ
ଠାରି ଡାକି ଦେଲ ଏଡ଼େ ଆବେଗରେ
ଯେ' ଧ୍ୟାନ ମୋର ଭାଙ୍ଗିଗଲା ମଝି ବାଟରେ
ଚିତ୍ରପ୍ରତିମାଟି ପରି ତମେ ଥିଲ
ଲୁଚିଛପି ମ୍ଳାନ ଚଂଦ୍ରାଲୋକେ
ପଳାଶ ବନରେ।

ପ୍ରିୟତମା,
କେଉଁ ଅଦୃଷ୍ଟର କ୍ରୂର ନିର୍ଦ୍ଦେଶରେ
ଅଭିଶପ୍ତ ଭାଗ୍ୟଟିଏ ନେଇ ଯେ' ଅଭାଗା
ଆସିଥିଲା କାଞ୍ଚନିକ ପୃଥିବୀକୁ
ନା, ଫୁଲ ପରି ବାସ ଚହଟେଇ ହସିହସି
ଦିନ କାଟିଦେଲା
ନା, ଫୁଲ ବଗିଚାର ଅବୋଧ ମାଳିଟିଏ
ପରି ତମ ମନ ଗହୀରର କଥା
ଏ ଜୀବନେ ବୁଝିପାରିଲା।

ପଳାଶ ବନରେ ନିଜ ହାତେ
ମୋର ଚିତା ସଜ କର
ପଳାଶ ଫୁଲରେ ମଂଡ଼ି ତମ
ଘନକୃଷ୍ଣ ଗଭା ହାତ କାଟି ଲେଖି
ଦେଇଯାଅ ଆମ ଅବୁଝାମଣାର

ଅସମାପ୍ତ କଳଂକିତ ଇତିହାସ
ଯାହା ଦିନେ ଥିଲା
ଆମ ପାଇଁ ଆମ ପ୍ରେମଠୁ ବଳି ଅତି ଆପଣାର ।

କଥା ଶେଷ କଥା ଶେଷ ପ୍ରିୟତମା
ଆମ କଥା ଶେଷ ହେଉ ଏଥର
ଏଇଠୁଁ, ଭାଗ୍ୟକୁ ଆଦରି ତମେ ଯାଅ
ତମ ବାଟେ
ଏକା ଏକା ମୋ' ବାଟରେ ମୁଁ ॥

❑

॥ ୨୪ ॥

ଝଡ଼ା ପତ୍ର ପରି ଏ ଜୀବନ ପ୍ରିୟତମା
ଆଜି ମଲେ କାଲିକି ଦି'ଦିନ
ଦି'ଦିନର ଜୀବନକୁ କେତେ ଲୋଭ
କେତେ ମୋହ ଲହୁଲୁହ ପ୍ରୀତିର ପାର୍ବଣ।

ସଂପର୍କର ପୋକଖିଆ ରୁଗ୍ଣ ହାତ
ବୁଢ଼ିଆଣି ଜାଲ ପରି ପରସ୍ପରେ
ଦିନା କେତେ ଛଂଦାଛଂଦି
ଆରଂଭରୁ ଶେଷ ଯାଏଁ ବହୁ ରଂଗୀ
ଫୁଲର ତୋରଣ
ଆମ ଟିକି ପୃଥିବୀରେ କେତେ ବାଦ
କେତେକେତେ ଅପବାଦ ରାଗରୋଷ
କଳଂକ ନିଶାଣ।

ପଳପଳ ନିଆଁଗୁଲ ପରି ଜଳି ଯାଉଚି
ଯେ' ପିଂଡ଼ ସୁଂଦରୀ
ପ୍ରତିଟି କ୍ଷଣରେ ଦିନେ ଯାହା ଥିଲା
ତମ ପାଇଁ ଅତି ସୁଆଗର, ପ୍ରତି
ମୁହୂର୍ତ୍ତରେ ମୋର ଶ୍ୱାସରୁଦ୍ଧ ହେଉଅଛି
ଯୁଆଡ଼କୁ ଚାହୁଁଛି ମୁଁ
କଳାକଳା ଘମାଘୋଟ ବହଳ ଅଂଧାର।

ମର ଲୋକେ କଥା ରହେ
ଚିରକାଳ କଥା ମରେ ନାହିଁ
ଦେହ ମରେ ମନ ମରେ
ଆଶା ଓରମାନ ମରେ
ପ୍ରେମ ମରେ ନାହିଁ।

ତମେ ଗଲା ଦିନଠାରୁ କ୍ଷଣକ୍ଷଣ କରେ
ଓଜନିଆ ଲାଗୁଅଛି ଯେ' ଶ୍ୟାମ ଶରୀର
ମରିବି ମରିବି ବୋଲି କେତେ ଥର
ନ ଭାବିଛ ମରି ନାହିଁ ଖାସ୍ ତମ ପାଇଁ
କାଲେ ତମେ ଏକୁଟିଆ ହୋଇଯିବ
ଦୁଃଖରେ ଭାଂଗି ପଡ଼ିବ, ଦୋଷ
ଦେଇ ହସିହସି ସଭିଂକ ଆଗେ
କହିବ "ଦେଖ ଦେଖ, ଏ ପୁରୁଷ
ଜାତିକୁ, କେତେ ଦଗାଦିଆ ସ୍ୱାର୍ଥପର
ଭଂଡ଼ ଲଂପଟ ନାଗର।"

ତମ ପ୍ରେମେ ମୁଁ ତ ବଂଧା ଚିରକାଳ
ପ୍ରିୟତମା, ଜନ୍ମରେ ମୃତ୍ୟୁରେ,
ମୃତ୍ୟୁପର ଜୀବନରେ ଓ ତା'ପରେ
ଯଦିବି କିଛି ବଂଚିବାର ରାହା ଥାଏ
ପ୍ରତିଟି ବିଂନ୍ଦୁରେ
ପ୍ରତି ଚେତନାରେ
ମୁଁ ବଂଚି ରହିଥିବି ମରୁମରୁ
ତମରି ସ୍ମୃତିରେ
ନିଷ୍ଠୁର ନିରବଧି ଚିର-ଇପ୍‌ସିତ
ଏହି କାଳଖଂଡ଼ର ଶ୍ୟାମ ବନାନୀରେ ॥

❑❑❑

॥ ୨୫ ॥

କେଉଁ ଭୁଲ୍ ପାଇଁ ମୋର ଚିତା ସଜକର
ବଂଚି ଥାଉଥାଉ ଦୃଶ୍ୟ ଜଗତ୍‌ରେ ?

ଚଂଦନ କାଠରେ ରଖ୍ ମୋର ପାଂଚ ଫୁଟ
ସାତ ଇଂଚ ଦେହ ଫୁଲ ଓ ନିର୍ମାଲ୍ୟ
ଟେକି ତମ ଦୁଇ କଟା ପାପୁଲିରେ
ପ୍ରେତ ପୁରୁଷଂକୁ ସମ୍ମୋହନ କର
ବିମୁଗ୍ଧ ମଂତ୍ରରେ,

ଛାତି ତଳେ ସବୁ କୋହ ଚାପି ରଖ୍
ନିଜ ହାତେ ଘିଅ ଢାଳ
ହୁତ୍‌ହୁତ୍ ରଢ଼ ନିଆଁ ଜାଳ
ସ୍ୱାମୀ ପୁତ୍ରଂକ ସଂସାର ବଂଧନେ ଥାଇ
ସଦ୍ୟ ବିଧବାଂକ ପରି ନିଜ ମୁହଁ
ଲଜ୍ଜାରେ ଲୁଚାଅ ।

ସଭିଏଁ ପଚାରୁଛଂତି କୁହ କବି
କିଏ ତମ ପ୍ରିୟତମା,
ଯାହା ପାଇଁ ଲେଖୁଅଛ ରାଶିରାଶି
ପ୍ରେମର କବିତା,
ତମ ପ୍ରିୟତମା କବି' ଲୁହ ଓ ଲହୁରେ
ଗଢ଼ା ଦେବୀ ନା, ଦାନବୀ
କହ ଥରେ ମନ ଖୋଲି
ବରଂ ଅସଂପୂର୍ଣ୍ଣ ରହୁ ଜୀବନର ଗାଥା ।

❑

॥ ୨୬ ॥

କଟା କୁକୁଡ଼ାର ମୁଂଡ଼ ପରି ଠକ୍‌ଠକ୍
ଉଠୁଛି ପଡୁଛି ଏ ଦେହ କ୍ଷଣକ୍ଷଣ କରେ
ଥରକୁଥର ଉଠୁଛି ଓ ବୁଡୁଛି ମୁଁ ତମ
ପ୍ରେମ ପ୍ରବାଳ ଦ୍ୱୀପରେ,

ପ୍ରତିଟି କ୍ଷଣରେ ତମ କପଟ ଓ
ଛଳନାର ପୃଥିବୀକୁ ଈର୍ଷା ଘୃଣା ଓ ସନ୍ଦେହ
ଓ ବିଦ୍ୱେଷର ତୀକ୍ଷ୍ଣ ତୀର ଛୁଟି ଆସି ରକ୍ତାକ୍ତ
କରୁଛି ମୋର ନିଷ୍ପାପ ଆତ୍ମାକୁ,

ମୋର ବେସାହାରା ବେଖିଆଲି ମନ ପ୍ରାଣ
ଜଳିପୋଡ଼ି ଛଟପଟ ହେଉଅଛି କେଉଁ
ଅପଦେବତାର ଅଭିଶାପେ ପ୍ରତି ମୁହୂର୍ତ୍ତରେ
ବୋମାବର୍ଷି ବିମାନଟି ଦେଖୁଦେଖୁ କଚାଡ଼ି
ହୋଇ ପଡୁଛି ଗୋଟିପଣେ ମୋଅରି ଉପରେ ।

ଦୃଷ୍ଟିଶକ୍ତି ନଥିବା ଅଂଧ ପରି ମୁଁ
ଜଳଜଳ ଦେଖୁଅଛି ତମ ହୀଂସ୍ର ରୁଦ୍ର
ଭୟଂକର ମୂର୍ତ୍ତି, ଶୀରା ଓ ଧମନୀ ସାରା
ହୁତହୁତ୍ ନିଆଁ ପରି ଚରି ଯାଉଛି
ମାରାତ୍ମକ ବିଷ
ଶବ୍ଦଟିଏ ସ୍ଫୁରୁ ନାହିଁ ତମରି ଓଠରୁ
ବିନା ବିଚାରରେ ମୃତ୍ୟୁଦଂଡ଼
ପାଇଥିବା ନିର୍ଦ୍ଦୋଷୀ ଆସାମୀଟି ପରି
ମୁଁ ଦେଖୁଛି ତମ ବିଶ୍ୱରୂପ ॥

❑

॥ ୨୭ ॥

ପ୍ରିୟତମା,
ଆମ ବୁଝା ଓ ଅବୁଝାମଣା କ'ଣ
ଗୋଟିଏ ଦିନର ? ଆମ ସଂପର୍କ
କି'ସ୍ଫଟିକରେ ଗଢ଼ା ଗୋଟେ ଘର
ଯାହା ଭାଂଗିରୁଜି ଯିବ ସାମାନ୍ୟ ଧକ୍କାରେ ?
ଏସବୁ ଜାଣିବି'
କେଡ଼େ ବେପରୁଆ ହୋଇ ଏଠିସେଠି
ଲୁଚିଛପି ଦିନ ମୁଁ କାଟୁଛି ତମ ଅଭୁଲା
ସ୍ମୃତିରେ ଓ ଦର୍ଦ୍ଦ ମୋର କ୍ଷଣୁକ୍ଷଣ
ବଢୁଛି ପଚାସଢ଼ା ଅଦୃଶ୍ୟ ଅଂଗରେ ।

ଭଲ ଯଦି ପାଅ ମତେ ଯେ' ଜୀବନେ
ଅବିଶ୍ୱାସ କର ନାହିଁ ଭୁଲ୍ ବୁଝ ନାହିଁ,
କଳଂକ ରଟନା କରି
ତମ ମୋ ପବିତ୍ର ପ୍ରେମକୁ
ଭୁଲ୍ ବୁଝ ନାହିଁ,
ଭଲ ଯଦି ପାଅ ମତେ ଯେ' ଜୀବନେ
ଜନ୍ମ ଜନ୍ମାଂତର ପାଇଁ ମତେ
ଈର୍ଷାକର ନାହିଁ, କଡ଼ଛଡ଼ା କରି ଯାଅ ନାହିଁ ।

ପ୍ରେମରେ ତ କବି ହୁଏ ବିଶ୍ୱଜୟୀ
କବି ହିଁ ପ୍ରେମିକ
ତମ ମନ ଗହନର ଘନକଳା ଉଦାସ ଆକାଶେ
ନିଃସଂଗ ପକ୍ଷୀଟି ପରି ଏକାଏକା ଉଡୁଥିବି
ନାହିଁ ଭୟ ନାହିଁ ଡର ନାହିଁ ମନେ ଦକ ॥

❑

॥ ୨୮ ॥

ଓଃ, କି ଅହେତୁକ ଯଂତ୍ରଣାରେ
ସାରା ଦେହ ମୋର ଅବଶ ଲାଗୁଛି
ମହାଶୂନ୍ୟ ଛିଟିକି ପଡ଼ିଲା ପରି
ବେଳୁଁବେଳ ମୋ'ହୃଦୟ ଭୟରେ ଥରୁଛି ।

ମୁଁ କି' ସେଇ ଚିର ପରିଚିତ ପିଲାଦିନ
କାହାଣୀର ନିରିମାଖି କଟୁଆଳ ପୁଅ
'ସସେମିରା' 'ସସେମିରା' ମଂତ୍ର ଜପି
ଗଛ ମୂଳେ ଶବ ପାଳଟିଛି ଓ
ମୋର ଅଂତିମ ବିଚାର ପାଇଁ ଚୁପ୍‌ଚାପ୍
ନିର୍ବିବାଦେ ନିଃସର୍ତ୍ତରେ ଅପେକ୍ଷା କରିଛି ।

ସିଂଦୂରା ଫାଟିବା ଆଗୁଁ ଯଦି ସତକୁସତ
ମୋ' ମୃତ୍ୟୁର ଖବର ପବନରେ ଉଡ଼ିଉଡ଼ି
ତମ ପାଖେ ପହଂଚିବ
କି'ବୁଦ୍ଧି କରିବ ତମେ ?
ପୁଷ୍ପକ ବିମାନ ଚଢ଼ି ସଂତର୍ପଣେ ଲୁଚିଛପି
ମୋ'ଶବକୁ ଦେଖିବାକୁ ଆସିବ କି' ଥରେ
ପ୍ରେମିକା ଆଖିରେ ?

ଘୃଣାରେ ବିତୃଷ୍ଣାରେ ଢାଳି ପାର ତମେ
ମୁକ୍ତା ପରି ଢଳଢ଼ଳ ଦୁଇ ଟୋପା ତମ
ଆଖି ଲୁହ, ତମ ଆଖି ଲୁହ ମୋର
ଅଭିଶପ୍ତ ଜୀବନରେ ଏକମାତ୍ର ସ୍ମୃତିର ପାଥେୟ ।

ପ୍ରିୟତମା,
ଥରେ ମନ ଭାଂଗିଗଲେ ଯୋଡ଼ି
ହୁଏ ନାହିଁ, ଥରେ ରାହା କଟିଗଲେ
କାଳକାଳ ପାଇଁ ସାହା ମିଳେ ନାହିଁ,

ମଧୁମୟ ପୃଥିବୀରେ
ଜଳଜଳ ଛଳଛଳ ପ୍ରୀତିର ଯମୁନା
ଦେହ ମୋହ କଟିଗଲେ ଦୁଃଖ ନାହିଁ
ମୁଁ ତମ ପ୍ରେମରେ ଚିରକାଳ ବଂଧା
ନକର ନକର ଆଉ ପ୍ରିୟତମା
ପ୍ରେମରେ ଛଳନା ॥

❑

॥ ୨୯ ॥

ଯେଉଁ ଅପହଂଚ ଆଧିଭୌତିକ ଜଗତ୍‌ରେ
ଥାଅ ପଛେ ପ୍ରିୟତମା
ତାରା ହୋଇ ଦିକିଦିକି ଜଳୁଥାଅ ନୀଳ
ଆକାଶରେ, ଫୁଲ ପରି ଟହଟହ ହସୁଥାଅ
ସ୍ମୃତି ବଗିଚାରେ,

ପ୍ରେମରେ ଆବୋରି ଧରି ରଖିଥାଅ
ଧ୍ୱସ୍ତବିଧ୍ୱସ୍ତ କ୍ଷର ପୃଥିବୀକୁ
ପଳାଶ ବନରେ ଆମ ପ୍ରେମ ଶେଷ
ହେଉ, କଥା ରହୁ କାଳକାଳ ଅନଂତକାଳକୁ।

ଯେଉଁ ଅପହଂଚ ପୃଥିବୀରେ ଥିଲେ ଥିବ
ଆମ ଦେଖା ନିଶ୍ଚେ ହେବ ଦିନେ ଏଇ
ଜୀବନରେ ଅନ୍ୟ କେଉଁ ନଥିବା ଗ୍ରହ ଉପଗ୍ରହେ
ଅନ୍ୟ କେଉଁ ଅଜଣା ରାଜ୍ୟରେ।

କଥା ରହେ କୋଟି ଯୁଗ କଥା
ସରେ ନାହିଁ, ବିଦଗ୍ଧ କବିର କଥା
ମୁଖେମୁଖେ ଜିଇରହେ କାଳକାଳ ପାଇଁ ॥

❑

॥ ୩୦ ॥

ଯେଉଁଠି ଯେମିତି ଥାଅ ପଛେ
ତ୍ରିକାଳ ସଂଧ୍ୟାରେ ଥରେ ମତେ
ସ୍ମରଣ କର
ଶେଥା ଓଠରେ ହସିହସି ଚୁମାଟିଏ ଦିଅ।

ଦୁଃସ୍ୱପ୍ନ ପରି ଭୁଲିଯାଅ ଆମ ଅଂଧ
ଇତିହାସକୁ, ଅବଧାରିତ ଭାଗ୍ୟକୁ, ସକଳ
ବିଫଳତାକୁ, ପାପପୁଣ୍ୟର ଜୀବନକୁ,

ସବୁଜ ପ୍ରୀତି-ବଂଧନରେ ସ୍ପର୍ଶ କର
ଅମୂର୍ତ୍ତ ଆତ୍ମାକୁ,
ମାୟାରେ ମୋହଗ୍ରସ୍ତ ନକର ନୀଳ
ନିବିଡ଼ ଆଖିର ଉପତ୍ୟକାକୁ
ଅବାଧ ଅସହଜ କବିକୁ।

ବିଂଦୁଏ ଉଜ୍ଜ୍ୱଳ ଆଲୋକରେ ନିଶ୍ଚିହ୍ନ
ହୋଇଯାଉ ବରଂ ଜୀବନର ଅବଶିଷ୍ଟାଂଶ
ଅଭିଶାପ ଦିଅ ନାହିଁ ଦୟା କରି ଆମ
ପବିତ୍ର ଆତ୍ମାକୁ ।

ଯେଉଁଠି ଯେପରି ଭାବେ ଥାଅ ପଛେ
ଶେଷ ବେଳାରେ ହସିହସି ପରମ

ପ୍ରେମିକା ପରି ମତେ ଚୁମାଟିଏ ଦିଅ,
ପଂଚଭୂତକୁ, ଚଳମାନ ନିଃଶ୍ୱାସକୁ
ଆଘ୍ରାଣ କର, ଆହ୍ୱାନ କର, ସ୍ପର୍ଶ କର
ସମ୍ମୋହିତ କର
ନିବିଡ଼ ଆଲିଂଗନରେ ଆହ୍ଲାଦରେ ପ୍ରିୟତମା ॥

❑

॥ ୩୧ ॥

ସେ'ଦିନର ତିଥି ବାର ରାଶି ନକ୍ଷତ୍ର ମନେ ନାହିଁ।
ସଂଭବତଃ, ସାଢ଼େ ଦଶ ବାଜିଥିଲା
ଆମ ମଂଦିର ପାଖ ଗୀର୍ଜାର ଘଂଟାରେ,
ତମର ବିବସ୍ତ୍ର ଦେହ ବାସି ମଡ଼ା ପରି ପଡ଼ି
ରହିଥିଲା ଶାଗୁଆନ କାଠରେ ଗଢ଼ା ଅତ୍ୟାଧୁନିକ
ଏକ ନୂଆ ମଡ଼େଲର ତକ୍ତପୋଷ ପଲଂକରେ।

ଆକାଶରେ ଭାସମାନ କଳା ବାଦଲର
ବିଶୃଂଖଳିତ ଆନମନା ଫଉଜ ଏଠିସେଠି
ଘୂରି ବୁଲୁଥିଲେ ଅନବରତ,
ନକ୍ଷତ୍ରପୁଂଜ ଘୋର ଗହମ ନିଦରେ ନିଦ୍ରାଗତ।

ଚାଉଁକିନା ନିଦ ମୋର ଭାଂଗିଗଲା
ଅଶୁଭ ସ୍ୱପ୍ନରେ, ନିଦ ଭାଂଗି ଗଲା ଯେ
ଗଲା ଯେତେ ବାଡ଼େଇ କଚାଡ଼ି ହୋଇ
ଏକଡ଼ ସେକଡ଼ ହେଲେବି' ନିଦ ହେଲା
ନାହିଁ, ସତେ କି' ଅତିକାୟ ଭୟ ଏକ
ଆମ ତକ୍ତପୋଷ ପଲଂକର ମସୃଣ ଗୋଡ଼ରେ
ସାପ ପରି ଗୁଡ଼େଇ ତୁଡ଼େଇ ହୋଇ କଡ଼ ମୋଡ଼ି
ଥିଲା ଓ ତା'ର ଲହଲହ କଳା କିଟିମିଟି
ଜିଭ ଖର ନିଃଶ୍ୱାସରେ ମତେ ଦଂଶୁଥିଲା।

ମୁଁ ଭୟ ଓ ଆତଂକରେ ଶିହରି ଗଲି
ବିକଟାଳ ସାପଟାଏ ଦେଖି

ଓ ସେ' ସାପର ଆଁ ଭିତରେ
ଜଳଜଳ ଦିଶୁଥିବା ଅଲୌକିକ ଜଗତ୍‌ର
ବିଶ୍ୱରୂପ ଦେଖି,

କେତେକେତେ ଆଶ୍ଚର୍ଯ୍ୟଚକିତ ଗ୍ରହ
ଅଜଣା ଅଗ୍ୟାଂତ ନକ୍ଷତ୍ର, ଅନାବିଷ୍କୃତ
ରୁଦ୍ର ଓ ଭୟାବହ ନଦନଦୀ, ଦୁର୍ଗମ
ଗିରିକଂଦର, ଦ୍ୟୁଲୋକ ଭୂଲୋକ ଭବଲୋକ
କେତେ କ'ଣ ଦୃଶ୍ୟ ପରେ ଦୃଶ୍ୟାବଳୀ
ଯାହା ବର୍ଣ୍ଣିବାକୁ ଭାଷା ନାହିଁ
କୌଣସି ବିଶ୍ୱସ୍ତ ଶାସ୍ତ୍ରର।

କି ଅଜବ ସ୍ୱପ୍ନ ସେ' ପ୍ରିୟତମା
କଳା ମିଚିମିଚି ଭୟାର୍ତ୍ତ ରାତିର,
ରାତିର ଢେଉରେ ଭାସିଭାସି
ଭଂଡ୍ କାପାଳିକ ଏକ ଆସିଛି କି
ରମିବାକୁ ଶବ ପ୍ରାୟ ତମର ସମଗ୍ର ଶରୀର।

ତମ ନିଃଶ୍ୱାସ-ପ୍ରଶ୍ୱାସର ଉତ୍କଟ ବାସ୍ନାରେ
ପିତୃଦତ୍ତ ପ୍ରାଣ ମୋର କ୍ଷୀଣ ଓ ଅବଶ,
ପଥରର ରୁଦ୍ର ମୂର୍ତ୍ତି ପରି ତମ ରକ୍ତମାଂସର
ଶରୀର ସ୍ୱପ୍ନରେ ବିଭୋର
ଥରଥର ଥରି ଉଠୁଥିବା ତମ ଲାଲ ଟୁକୁଟୁକୁ
ଦୁଧ ଅଳତା ରଂଗର ଓଠ ମୁଦା ଲଫାପାଟି
ପରି ସ୍ଥିର ଓ ନିଶ୍ଚଳ ଅଥଚ, ସେ କୃଷ୍ଣକାୟ
ତାଂତ୍ରିକ ପୁରୁଷ ଅହରହ କାର୍ଯ୍ୟବ୍ୟସ୍ତ,
ଅନାସକ୍ତ ଦେବୀ ପ୍ରତିମାଟି ପରି ପ୍ରିୟତମା
ତମେ ଥିଲ କିଂତୁ, ନିର୍ଲିପ୍ତ ଉଦାସ ॥

❑

॥ ୩୨ ॥

ପ୍ରତିବାଦ କଲ ନାହିଁ
ନିଦରୁ ଉଠିଲ ନାହିଁ
ଖୁବ୍ ବଡ଼ ପାଟି କରି କାହାକୁବି
ଉଠାଇଲ ନାହିଁ,

ତମେ କ'ଣ ସତକୁସତ ରତିକ୍ରାଂତା
ବିମୁଗ୍ଧା ନାରୀଟି ପରି ଆତ୍ମହରା ହୋଇ
ପଡ଼ି ରହିଥିଲ ମଧୁର ଅଥଚ, କ୍ଲାତିକର
ସେଇ ବିଭସ୍ତ ଦୃଶ୍ୟରେ ?

ମୁଁ ରାଗରେ ପଂଚମ ହୋଇ ଗର୍ଜି
ଉଠିଲି, ଓଠ କାମୁଡ଼ିଲି, ମୁଂଡ଼ବାଳ
ମୁଠାମୁଠା କରି ତମ ପିତା ପ୍ରପିତାମହଂକୁ
ଅଭିମାନରେ ପିଂଡ଼ ବାଢୁଥିଲି,
ତମ ସହ ଗଂଠି ପଡ଼ି ରହିଥିବା ରେଶମ
ଡ଼ୋରିକୁ ନିଷ୍ଠୁର କଂସେଇ ପରି କାଟିକୁଟି
ଭିନ୍ନ ଏକ ଜୀବନ ଜିଇବା ପାଇଁ ପ୍ରାଣପଣେ
ଚେଷ୍ଟା କରୁଥିଲି ।

କିଂତୁ, ମୁଁ କିଛି ବି' କରି ପାରିଲିନି
ପାଖ ପଡ଼ୋଶୀଂକୁ ଡାକିହାକି ଆଣି ପାରିଲିନି
ଘରର ପ୍ରତିଟି ସୁଇଚ୍ ଟିପି ଉଜ୍ଜ୍ୱଳ ଆଲୋକରେ
ତମ ମୁହଁ ସାମନା ସାମନି ଥରେ ଦେଖି ପାରିଲିନି ।

ସ୍ୱପ୍ନ ମୋର ଅକସ୍ମାତ୍ ଭାଂଗିଗଲା ପ୍ରିୟତମା
ତମ ଘରପୋଷା କାଳି ବିଲେଇର ଅଦ୍ଭୁତ
ରଡ଼ିରେ, ଆଖି ମଳିମଳି ଦେଖିଲି ଯେ'
ତମେ ପୋଡ଼ା କାଠ ଖଂଡ଼େ ପରି ପଡ଼ିଅଛ
ତମ ମୂଲାୟମ ବିଛଣାରେ ।

ତମ ନାଁ ଧରି ଡାକିବାକୁ ମୋର
ସାହସ ହେଲାନି, ନିଦ ମଳମଳ ଆଖିରେ
ଭିଡ଼ିମୋଡ଼ି ହୋଇ ତମେ ଅଳସ ଭାଂଗିଲ
ଚଂପାକଢ଼ି ପରି ତମ ହାତର ଆଂଗୁଠିକୁ
ଟକ୍‌ମକ୍ କରି ଫୁଟେଇଲ
ଓ ତା'ପରେ, ଧୀରେ ସୁସ୍ଥେ ବିବସ୍ତ୍ର ଦେହକୁ
ତମର ଝାଡ଼ିଝୁଡ଼ି ସଜାଡ଼ିଲ
ସହଜ ଓ ଅମାୟିକ ଭାବେ ପ୍ରଶ୍ନ କଲ
"କୁହ କବି, ମୋ'ରାଣ, କୁହ ଥରେ
ଅଘଟଣ କଥା କ'ଣ ଘଟିଲାକି ?
ଆଜେବାଜେ ଭଂୟକର ସ୍ୱପ୍ନଟିଏ ତମେ ଦେଖିଲକି ?

ସବୁ ସ୍ୱପ୍ନ ସତ ନୁହେଁ
ମନ କଷ୍ଟ କର ନାହିଁ
ତମ ପାଖେପାଖେ ମୁଁ ନିଶ୍ଚେ ରହିଥିବି
ଛାଇଟିଏ ପରି ଯୁଗଯୁଗ କାଳକାଳ ଯାଏଁ ।"

କେତେ ସାଧାସିଧା ଥିଲା ତମ ପ୍ରଶ୍ନ
ପ୍ରଶ୍ନର ଉତ୍ତର, ନିଥର ମୂର୍ତ୍ତିଟି ପରି ମୁଁ
ଦେଖୁଛି ଥରକୁଥର
ତମ ଶାଂତ କାଂତ ଉଦାସ ଅଳସ ଶରୀର।
ପ୍ରିୟତମା, ଭାରି ଡର ମାଡୁଅଛି ଆଜିକାଲି
ମଧ୍ୟ ବୟସରେ, ମିଶାଣ ଫେଡ଼ାଣ ସବୁ
ଭୁଲ୍‌ଭାଲ୍ ହେଉଅଛି ସ୍ୱପ୍ନଭୁକ୍ କବିଟିର
ଦ୍ୟାବା ପୃଥିବୀରେ ॥

❑

॥ ୩୩ ॥

ତମେ ନିଶ୍ଚେ ଦିନେ ଆସିବ ବୋଲି ତ
ମତେ କଥା ଦେଇଥିଲ ଝଡ଼ ବର୍ଷା ବିଜୁଳି
ଓ ଘମାଘୋଟ ଅଂଧାରରେ ଆମ ଜରତା
ପୃଥିବୀ ଅଂତସତ୍ତ୍ୱା ହୋଇ ଚିତ୍‌କାର କଲେବି ।

ତମେ ଆସିବ ପ୍ରିୟତମା ସ୍ନାୟୁରେ ସ୍ନାୟୁରେ
ଭରି ପାର୍ଥିବ ଜଗତ୍‌ର ଯେତେଯେତେ ଉତ୍ତେଜନା
ସାଧାସିଧା ନାରୀଟିଏ ପରି
ରୁମୁଝୁମୁ ଝୁମୁରୁ ଶବ୍ଦରେ
ଭୟାର୍ତ୍ତ ରାତିର ବିଧୁନିତ ବିଧବା ଲଗ୍ନରେ ।

ତମେ ଆସିବ ବୋଲି ସଜବାଜ ହୋଇ ବସିଛି
ମୁଁ କାହିଁ କେତେ ବର୍ଷ ତଳୁ ମଲ୍ଲିମାଳ ହାତରେ
ଗୁଡ଼େଇ, କପାଳେ ଚଂଦନ ଲେପି ହରିଦ୍ରା
ଜଳରେ ଦେହ ପଖଳାଇ
ଧୂପଦୀପ ଅଗୁରୁ ଗଂଧରେ ମୋ ସଂସାର-ବନକୁ
ସୁବାସିତ କରି,
ତମେ ଆସିବ ବୋଲି ପତ୍ନୀଂକଠାରୁ କିଛି କ୍ଷଣ
ଉଧାର ଆଣିଛି
ମତୁଆଲା ପବନରେ ଥରିଥରି ହାଡ଼ ଗଂଠି ଦରଜ
ରାତିକର ରତି ପାଇଁ ଯେତେଯେତେ ରାଜକୀୟ
ଅଭ୍ୟର୍ଥନା ସାଜସଜ୍ଜା ବାଜାବାଣ ବରାଦ କରିଛି ।

ଉଜ୍ଜ୍ୱଳ ଚଂଦ୍ରାଲୋକେ ତମେ ନିଶ୍ଚେ ଆସିବ
ଆକାଶରେ ଝଡ଼ ନଥିବ କି, ବର୍ଷା ବିଜୁଳି
ନଥିବ, ସୁବର୍ଣ୍ଣ ଆଲୋକମାଳା ଦାଉଦାଉ
ଜଳୁଥିବ, ଦୃଶ୍ୟ ଜଗତର ପଲଟଣ ଆଦିଗଂତ
ଲଂବିଥିବ, ଟ୍ରାଫିକ୍‌ର ଭିଡ଼ ଠେଲି ଯେତେ
ଅଘଟଣ ଘଟିଲେବି ତମେ ହିଁ ଆସିବ।

ମୃତ୍ୟୁ ଅପମୃତ୍ୟୁ ଜନିତ ଶସ୍ତା ବିଗ୍ୟାଂପନ କୁଳାଚାର
ନୀତି ଓ ଆଦର୍ଶ
ସମାଜପତିଂକ ଶାଣିତ ସତର୍କ ଦୃଷ୍ଟି ଓ ନିଷ୍ଠୁର
ନିର୍ଦ୍ଦେଶନାମା, ଚାରିତ୍ରିକ ଫଂପା ଆୱାଜ
ଅପବାଦ ଅପଯଶ ଇତ୍ୟାଦି ଇତ୍ୟାଦି
ଘଟଣାକୁ ବେଖାତିର କରି ବେପରୁଆ ଭାବେ
ତମେ ଆସିବ
ତମେ ଆସିବ ରକ୍ତର ସୁଅରେ ବାଟ କାଟି ଦିନେ ନା,
ଦିନେ ଏପରିକି, ମୋ' ଅଂତିମ ବିଦାୟ ବେଳାରେ।

ନିଷ୍ପାପ କଳିକା ପରି ତମେ ଆସିବ ବୋଲି
ତ ମୁକଳା ରଖିଛି ଘର
ମାତା ପତ୍ନୀ ପୁତ୍ର ପ୍ରେମେ ବଂଧା
ମୁଁ ଅର୍ଥିତ ପ୍ରେମର କିଂକର ॥

❑

॥ ୩୪ ॥

ମହମହ କେତକୀ ଅତର ଗଂଧ
ଜରିପକା ନୀଳ ପଂଜାବିରେ
ସଦର ଦରଜା ଖୋଲା ସାରା ରାତି
ନଜରବଂଦୀଟି ପରି ଦିନ ବିତେ, ରାତି
ବିତେ ତମ ଦେଖା ମିଳେ ନାହିଁ,
ଆଖପାଖ ଯେ' ଭବଲୋକରେ।

ଦୂର ଆକାଶରେ ମିଟିମିଟି ଆଖି
କରି ଜଳୁଥାଏ ଏକ ନୀଳ ତାରା
ସଦର ଦରଜା ମୋର ଖୋଲା ରାତି ରାତି ସାରା।

କବିତା ଲେଖିବା ବଂଦ ଥାଉ ତମ ପାଇଁ
ବଜାର ବୁଲିବା ବଂଦ
ସଂସାରୀ ସାଜିବା ବଂଦ ଥାଉ ତମ ପାଇଁ
ସନ୍ନ୍ୟାସୀ ସାଜିବା ବଂଦ,

ବେଳ ଗଡ଼ିଗଡ଼ି ରାତି ଅଧ ହେଲାଣି
ଅଥଚ, ତମ ଆସିବାର ନାଆଁ ଗଂଧ ନାହିଁ
ଫୁଲସଭା କେବେଠୁଁ ମହଲଣ ପଡ଼ିଲାଣି
ତମ ଛଳନା ଓ ଫିସାଦ ଧରା ପଡ଼ିଲାଣି
ମୋ'ଆୟତ୍ତେ ମୁଁ ରହୁନି
ବରଂ ବେଳ ଗଡ଼ିଗଡ଼ି ଯାଉ
ଫୁଲଶେଯ ବାସି ହେଉ
ଆମ କଥା ନଥା ଓ କବିତା
ଏଇଠି ଏତିକିରେ ରହୁ,
ବ୍ରହ୍ମ ଅଭିଶାପେ
ବିଧବା ନିଃଶ୍ୱାସେ
ଯେ'ଛୋଟ ସଂସାର ବରଂ
ଛାରଖାର ହେଉ, ଉତ୍ତରାଧିକାରୀ ସତ୍ତ୍ୱେ
କେହି ଜଣେ କୁଳରେ ନରହୁ ସଦର୍ପରେ
କହିବାକୁ ଯେ' ବାପା ତା'ର ଥିଲେ
ଜଣେ ପରାକ୍ରମୀ ବେସାଲିସ ସ୍ୱର୍ଦ୍ଧିତ
ପୁରୁଷ, ଛାର ଗୋଟେ ନାରୀ ପାଇଁ
ପଳେପଳେ ଉଜାଡ଼ି ଦେଲେ
ପିତାପ୍ରପିତାମହଂକ ଦତ୍ତ ମହାର୍ଘ ଆୟୁଷ।

ପ୍ରିୟତମା,
ଏତିକି ଅଂତିମ ପ୍ରାର୍ଥନା ମୋର ବିଦାୟ
ବେଳାରେ ଏଇ ଜନ୍ମ ପାଇଁ
ଆସ ବା' ନ ଆସ ତମେ ଦୁଃଖ ନାହିଁ
ଅନାବିଳ ପ୍ରେମେ କିଂତୁ ମତ୍ତ
ଥିବ ଏ ଧରାଧାମରେ ଲଂପଟ କନ୍‌ହେଇ ॥

❑

॥ ୩୫ ॥

ମୁଁ ତମର ପ୍ରିୟ କବି
ତମେ ମୋର ପ୍ରାଣର କବିତା
ଯେତେ ଅପହଂଚ ଦୂରତ୍ୱରେ ଥିଲେ
ଥାଅ ଦୁଃଖ ନାହିଁ
ତମେ ମୋ'ଆତ୍ମାର ଆତ୍ମା, ମୋର
ପ୍ରତିବିଂବ, ମୃତ୍ୟୁ ଏବଂ ମୃତ୍ୟୁତ୍ତୋର
ଜୀବନରେ ତମେ ଏକ ଅନିର୍ବାଣ ଦୀପ
ବୁଝ ବା, ନ ବୁଝ ତମେ ଶବ୍ଦର
ଚାତୁରୀ, ପ୍ରେମର ପୃଥିବୀ ଆମ
ନିଷ୍କଳଂକ, ଆମେ ଦୁହେଁ ଦୁହିଁଙ୍କ ପ୍ରତୀକ।

ନିବୁଜ ନିରାପଦ ସଂସାର ପ୍ରତି ତମର
ଲୋଭ ମୋହ ନାହିଁ କବିର
ଗର୍ବ ଦଂଭ ଅହଂକାର ପ୍ରତି ତମର
ଈର୍ଷା ଅସୂୟା ନାହିଁ କବିର,
ତମ ଶାଶ୍ୱତ ସ୍ୱଚ୍ଛ ଜୀବନ ପାଇଁ
ଶତମୁଖ ମୋ'ଜିହ୍ୱାର୍ଗ

ଇଚ୍ଛାଅନିଚ୍ଛାର ଅନିଶ୍ଚିତ ଗୋଲକ
ପାର୍ଥିବ ପାରମାର୍ଥିକ ସତ୍ତାର ଦର୍ପିତ
ପୁରୁଷକାର ମହମ ପରି ବରଂ ତରଳି ଯାଉ
ଭାବାବେଗର ସଂସାର-ବନ ଧ୍ୱସ୍ତବିଧ୍ୱସ୍ତ ହେଉ
କିଂତୁ, ଶବ୍ଦଟିଏ ବି ନରହୁ ବର୍ଣ୍ଣିବାକୁ
ଆଗ ଗୋପନ ପ୍ରେମର ବିଫଳ ଇସ୍ତାହାର ।

ପ୍ରିୟତମା,
ନିଜ ଭିତରେ ନିଜେ ଜଳିପୋଡ଼ି
ଭସ୍ମ ହେବାଠାରୁ ସଂଭାବନାମୟ
ଜଗତ୍‌ରେ କେଉଁ ଦୁଃଖ ଏତେ ବେଶୀ
ଯଂତ୍ରଣା-ଜର୍ଜ୍ଜର ଯେ'
ଶାସ୍ତ୍ର ଓଲଟାଇ, ଗ୍ରହନକ୍ଷତ୍ରପୁଂଜକ ଗତିପଥ
ବଦଳେଇ ଘୃଣାରେ ବିତୃଷ୍ଣାରେ ଈର୍ଷା ଇସିକାରରେ
ଅପଯଶର ଫଟା ଚିରା ମୁକୁଟଟିଏ ପିଂଧେଇ
ଦେବ ତମ ପ୍ରିୟ କବିକୁ ବିଦାୟ ବେଳାରେ ॥

❑

॥ ୩୬ ॥

ପରମ ସ୍ପର୍ଶରେ
ସବୁଜ ସ୍ନେହରେ
ଦୃଢ଼ ଗାଢ଼ ଆଲିଂଗନରେ
ଆତ୍ମୀୟତାର ନିଗଡ଼ ବଂଧନରେ
ଶେଷ ଥର ପାଇଁ
ଚୁମ୍ମାଟିଏ ଦେବନି
ଶେଷ ବେଳାର
ନିଶ୍ଚୁପ ଲଗ୍ନରେ, ପ୍ରିୟତମା ?

ଏ ଦୁଃଖ ପ୍ରଭୁ କାହାକୁ ନମିଳୁ
ଏପରିକି' ନିଜର ଶତ୍ରୁକୁ,
ବଂଚି ଥାଉ ଥାଉ ଶବ ପରି ପାଲିଂକିରେ
ବୁହାହୋଇ ଯିବା
ନିସ୍ତେଜ ଶରୀର ଦରମଲା ମାଛ ପରି
ଚାରିକାତ ମେଲି ଦେଖଣାହାରୀଂକ

ମେଳେ ଚିତ୍ ହୋଇ ପଡ଼ି ରହିବା
ଅଦୃଷ୍ଟର ବର୍ଚ୍ଛାମାଡ଼ରେ ଅହର୍ନିଶ
କ୍ଷତବିକ୍ଷତ ହେବା
ବା, କେଉଁ ଉଦ୍ଦେଶ୍ୟ ପ୍ରଣୋଦିତ ମଦମତ୍ତ
ସମାଲୋଚକ କି, ଚାଟୁକାରର ଅଯୌକ୍ତିକ
ଭାଷାର ଜାଲରେ ଛଂଦି ହୋଇ ଅମୁକ କବିଂକ

ପ୍ରଚ୍ଛନ୍ନ ପ୍ରଭାବେ ପଡ଼ି
କବିତା ଲେଖୁଛ ବୋଲି ଜନମୁଖେ
ପରିଚିତ ହେବାଠାରୁ
ଦୁଃଖ ଆଉ କ'ଣ ଥାଇ ପାରେ ?

ଏ ଦୁଃଖ ମୃତ୍ୟୁଠୁଁ ବଳି ଭୀଷଣ
ମାରାତ୍ମକ ପ୍ରିୟତମା
ଅଥଚ, କେତେ ସହଜରେ ଆମ
ସମୟର ଜଣେ ଅଧେ କବିର ଭାଗ୍ୟରେ ଘଟେ
ନିଶ୍ଚିହ୍ନ ନ ହେଲା ଯାଏଁ
ଆତ୍ମ ଦହନରେ,

ଅହୋଃଭାଗ୍ୟ, ଅହୋଃଭାଗ୍ୟ ପ୍ରିୟତମା
ୟେ'ଭବଲୋକରେ ॥

❑

॥ ୩୭ ॥

ତମ କଥା ଭାବିଭାବି ଘରକୁ
ଫେରିଲାବେଳେ ଅଚାନକ ଏତେ
ବଡ଼ କଥାଟିଏ ଘଟି ବସିବ ବୋଲି
ମୁଁ କ'ଣ ଜାଣିଥିଲି ?

ଫୁଲଫଳେ ଭର୍ତ୍ତି ଫଳଂତି ଗଛଟି
ପରି ମୁଁ ଟଳି ପଡ଼ିବି ମଝି ବାଟରେ,
ଚାହୁଁ ଚାହୁଁ ତମ ୟୁନିଟ୍ ସାରା ଚହଳ
ପଡ଼ିବ, ଅଚିହ୍ନା ଲୋକଂକ ଧାଁ ଧଉଡ଼ରେ
ଦୁର୍ଘଟଣା ଘଟିଥିବା ସ୍ଥାନଟି ହୁଲସ୍ଥୁଲ
ହେବ, ପାଣି କଳେ ମୋ' ପାଟିରେ ଦେଇ
କେହି ଜଣେ ପାଖ ପଡ଼ୋଶିନୀ ତା' ଶାଢ଼ି

କାନିରେ ମୁହଁ ଦେହ କପାଳରୁ ମୋର
ଝାଳନାଳ ପୋଛି ଦେବ,
ଅଭିଜ୍ଞ ବୈଦ୍ୟଟି ପରି ଅନ୍ୟ କେହି ଜଣେ
ମୋ'ନାଡ଼ି ପରୀକ୍ଷା କରି ଡାକ ଛାଡ଼ିବ
'ଆରେ ଟାକ୍ସି ଆଣ, ଆଂବୁଲାନ୍ସ ଡାକ'
କି' ଆଉ କେହି କାଂଦକାଂଦ ହୋଇ
କହୁଥିବ, ସବୁଦିନ ଯେ' ଲୋକଟା ଆମ
ଘର ଦେଇ ଏଇ ବାଟେ ଯାଏ, ମାଛିକୁ
ମ' ନ କହେ, ଦେଖ ଦେଖ, କେଡ଼େ ମଂଦ
ଭାଗ୍ୟ ତା'ର ଏତେ ସରି ହେଲା ବିନା ଦୋଷେ
ଘରକୁ ଫେରିବା ବାଟରେ,
ସ୍ତ୍ରୀ ତା'ର ବାଟ ଚାହିଁ ବସିଥିବ
ଫେରିବାର ବେଳ ଗଡ଼ିଗଡ଼ି ଗଲେ
ଘରୁ ବାହାର ବାହାରୁ ଘର ହୋଇ ଭୟ ଆଉ
ଆଂତକରେ ଥରି ଯାଉଥିବ ଅଜଣା ଭୟରେ।

ଆରେ, କିଏ କୋଉଠି ଅଛ ? ଧାଇଁ
ଆସ, ମୁଂଦେ ପାଣି ତା' ପାଟିରେ
ଦିଅ, ତଂଟି ଶୁଖୁ ତା'ର ଅଠାଅଠା
ଡାଏରୀ କଲମ ଛିଟିକି ପଡ଼ିଛି ଏଠିସେଠି
ଆରେ ଦେଖ, ଘରର ଠିକଣା କାଳେ
ଲେଖାଥିବ ଡାଏରୀ ପୃଷ୍ଠାରେ
ତା'ଘରକୁ ଫୋନ୍ କର
ଡାକ୍ତର ଡାକ, ଟ୍ରେକରର ନଂବର ଟିପି
ରଖ ଦରକାର ବେଳେ ହୁଏତ ଆସିବ କାମରେ।

କେତେକେତେ ନିରର୍ଥକ ଶବ୍ଦର
ଅପପ୍ରୟୋଗ ଘଟି ନଗଲା ପ୍ରିୟତମା

ମୋ'ରି ଆଗରେ
ଦେଖଣାହାରୀଏ ବେଳକାଳ ଡଂଡ଼ି
ଯିଏ ଯାହାଯାହା ବାଟେ
ବାଟ କାଟି ଗଲେ ପର ମୁହୂର୍ତ୍ତରେ ।

ଏତେ ପାଟିଗୋଳ ଭିତରେ ବି' ଭିଜାଭିଜା
ହଜିଲା ସ୍ୱରଟିକୁ ଥରେ ଶୁଣିବାକୁ କେତେ ବିକଳ
ମୁଁ ହେଉଥିଲି ଯାହା ଶୁଣିଥିଲି ବର୍ଷବର୍ଷ ତଳେ
ତମ ସାଂଗେ ଲୁଚିଛପି ରିକ୍ସାରେ
ବୁଲିଲାବେଳେ ତମ ୟୁନିଟ୍‌ରେ ॥

❑

॥ ୩୮ ॥

ଘରକୁ ଫେରିବା ବାଟରେ ଏତେ ବଡ଼
ଅଘଟଣ ଘଟିବ ବୋଲି ଜାଣିଥିଲେ
ଅଧା ବାଟରୁ ବାଟ ଭାଂଗି ଆସିଥାଂତି
ଟ୍ରାଫିକ୍ ନିୟମ ମାନି ମୋ'ସ୍କୁଟର
ଅଟକେଇଥାଂତି, ଅପେକ୍ଷାରେ ଦୁର୍ଘଟଣା
ବେଳ ଗଡ଼ି ଯାଇଥାଂତା, ରାସ୍ତାରେ ଟ୍ରାଫିକ୍
ଜାମ୍ ନଥାଂତା

ପୂର୍ବ ଦିନମାନଂକ ପରି ମୁଁ ଫେରି
ଆସିଥାଂତି ଠିକ୍ ସାଢ଼େ ଦିଇଟାରେ
ସୁନାନାକୀ ସ୍ତ୍ରୀ ମୋର ବାଟ ଚାହିଁ
ବସିଥାଂତା ମୋ'ଘରର ଦାଂଡ଼ ପିଂଡ଼ାରେ।

ସଂବାଦପତ୍ରରେ ବଡ଼ବଡ଼ ଶିରୋନାମରେ
ଭୁଲ୍‌ରେ ହେଲେବି ଛପା ହୋଇ ନଥାଂତା
'ପ୍ରିୟତମା'ର କବି ଆଉ ନାହିଁ ଇହ
ଜଗତ୍‌ରେ, ଅକାଳ ମୃତ୍ୟୁ ତା'ର ହୋଇଗଲା
କୌଣସି ଏକ ଘରୋଇ କଂପାନୀର
ଟ୍ରେକର ଧକ୍କାରେ।

ଯେଉଁଠି ଯେମିତି ଯେପରି ଅବସ୍ଥାରେ
ତମେ ଥିଲେବି' ପ୍ରିୟତମା ଏ ଦୁଃସଂବାଦ
ତମ ପାଖେ ଦିନେ ନା, ଦିନେ
ପହଂଚିଥାଂତା ପୋଡ଼ା ଶବ ଗଂଧ ପରି
ପବନରେ ଖେଳିଖେଳି ତମରି ପାଖରେ
ପ୍ରେମରେ ନ ହେଲେବି'
ବିରକ୍ତିରେ ବିତୃଷ୍ଣାରେ ଅନୁକଂପାର
ଟୋପେ ଲୁହ ଟରି ପଡ଼ିଥାଂତା ତମ ନିବିଡ଼
ନୀଳ ଆଖିରୁ ନିଜ ଅନିଚ୍ଛାରେ।

ଭିତରେ ଭିତରେ ଥରକୁଥର ବିନା
ମେଘେ ଉଲ୍‌କାପାତ ହେଉଥାଂତା ହୃଦୟର
ନିଭୃତ ଅଳିଂଦରେ,
ଶୋକ ସଂଗୀତରେ ଗଗନ ପବନ ମୁଖରିତ
ଦଶଦିଗ ଶୂନ୍‌ଶାନ୍ ଦିଶୁଥାଂତା
ଘଟଣାଚକ୍ରରେ, ବିଚରା ମୂଢ଼ ଏକଜିଦିଆ
କବିଟି ଅଚିହ୍ନା ଶବଟି ପରି ପଡ଼ି
ରହିଥାଂତା ତମ ଘର ସାମନା ବୁଲାଣି ରାସ୍ତାରେ ।।

❑

॥ ୩୯ ॥

ଦୁର୍ଘଟଣା ପରେ ମୁଁ ଛିଟିକି ପଡ଼ିଲି
ଆଖି ପିଛୁଡ଼ାକେ ଏପରି ସ୍ଥାନରେ ଯେ'
ନଭମଂଡ଼ଳରୁ ତାରାଟିଏ
ଖସିଗଲା ପରି ମନେ ହେଲା,

ମୋ'ଦେହରେ ଶତ ବୃଶ୍ଚିକର
ଜ୍ୱାଳା, ଚାରି ପାଖେ ପରସ୍ତ ପରସ୍ତ ମେଘେ
ଭରା ଧୂଆଁଳିଆ ନିଘଂଚ ପାହାଡ଼
ମଝି ସମୁଦ୍ରରେ ଅଣାୟତ୍ତ ଜୀବନର
ଫଟାତୁଟା ହୁଲି ନାଆ

କୂଳ ନାହିଁ ଠାବ ନାହିଁ
ତମ କଥା କହିବାକୁ କେହି ଜଣେ ମୋ
ପାଖରେ ନାହିଁ, ଜିଇଛ କି, ମରିଛ
ବା, କେଉଁ ଅନାହତ ଫଗୁଣରେ ନୀଳ
ଶାଢ଼ି ପିନ୍ଧି ନୀଳମଣି ହାର ଗଳାରେ ଲମ୍ବେଇ
କୋଉ କୃଷ୍ଣବର୍ଣ୍ଣ ପୁରୁଷକୁ ଏ ମହାବିପତ୍ତି
କାଳେ ନିଃସଂକୋଚେ ରମଣ କରୁଛ।

ରମଣରେ ମଦମତ୍ତ ଥିଲାବେଳେ ଯଦି ମୋର
ମୃତ୍ୟୁର ସଂବାଦ ତମ ପାଖେ ପହଂଚିବ ଉଡ଼ିଉଡ଼ି
ପବନ ରଥରେ କି ବୁଦ୍ଧି କରିବ ତମେ
ପ୍ରିୟତମା ? ହୀରାକଣି ଚୁମି ଜୀବନ ହାରିବ ?
ସୁବର୍ଣ୍ଣ ଅଂଗରୁ ବସନ ଭୂଷଣ ଆୟଅଳଂକାର
କାଢ଼ି ବାୟାଣୀଂକ ପରି ରାସ୍ତା କଡ଼େ
ପ୍ରଳାପ କରିବ ନା, ତମ ଡରକୁଳା ସ୍ୱାମୀ
ପାଖେ ମନ କଥା କହି
ମର ଶରୀରକୁ ମୋର ସବା ଶେଷଥର
ପାଇଁ ଥରେ ଦେଖିବାକୁ ଯିବ ?
ରଜନୀଗଂଧାର ମାଳଟିଏ ଉପହାର ଦେଇ
ମନକୁ ମନ କହିବ
"କବି ତମେ କେଡ଼େ ନଟଖଟିଆ ଦଗାଦାର
ଏକଜିଦିଆ ଲଂପଟ ନାଗର
ଟିକିକ କଥାରେ ମାନ ଅଭିମାନ
କରି ଏକମୁହାଁ ହୋଇ ଗଲ ଯେ ଗଲ
ଥରୁଟିଏ ମୋ'ଆଡ଼କୁ ଫେରି ନ ଚାହିଁଲ" ।

କିଏ ବା' ବୁଝିବ ତମ ମନ କଥା
ପ୍ରିୟତମା ମନ ଏକ ଉଚ୍ଛୁଳା ନଈର

ସୁଅ ବଂଧ ବାଡ଼ ଭାଂଗି ଦେଇ ହୁହୁ
ମାଡ଼ିଯାଏ ଦୂରୁ ଦୂରାଂତର,

ଦେହ ସିନା ମରିପାରେ ବେଳ ଅବେଳରେ
ୟେ' ଭବଲୋକରେ
ଆତ୍ମାପକ୍ଷୀ କାଳକାଳ ଅଜର ଅମର,
ମୃତ୍ୟୁଠାରୁ ଲୋଭନୀୟ ଆମ
ପ୍ରେମ, ପ୍ରେମର କବର ॥

❑

॥ ୪୦ ॥

ଅଂତିମ ବେଳାରେ ଛୋଟ ମୋର ଅନୁରୋଧ
ଭୁଲିଯିବ ନାହିଁ, ଯେତେ ଦୁଃଖ
ଆସିଲେ ବି' ବିଦାୟୀ ଆତ୍ମାକୁ ଅଭିଶାପ
ଦେବ ନାହିଁ, ନିରବରେ ମନ ଦୁଃଖ କରି
ନିଜ ଉପରେ ଦାଉ ସାଧିବନି,

ସ୍ୱର୍ଗ ଦ୍ୱାରେ
ସମୁଦ୍ର ବେଳାରେ ହାଉଯାଉ ଲୋକ
ଗହଳିରେ ଚିତା ମୋର ସଜାଡ଼ିବ
ମହମହ ଚଂଦନ କାଠରେ,
ଦକ୍ଷିଣ ଦିଗକୁ ମୁହଁ କରି ମୁଁ ଶୋଇଥିବି
ଘମାଘୋଟ ନିଘୋଡ଼ ନିଦରେ,
ନୀଳ ସମୁଦ୍ରର ନୀଳ ଢେଉ
ଲହରେଇ ଲହରେଇ ଆସି ମୁଂଡ଼

ପିଟୁଥିବ ବାଲିବଂତ ଠାରେ
ସୁମଧୁର ବଂଶୀ ସ୍ୱନ ଶୁଭୁଥିବ
ଆଖପାଖ ସ'ସ୍ର ଯୋଜନରେ ।

ୟୁଆଡ଼କୁ କାନ ଡେରି ଶୋଇଲେ
ବି'ପାଣି ପବନ ଇଥର ଆକାଶ
ଓ ମାଟିର ଗଂଧରୁ
'ପ୍ରିୟତମା' 'ପ୍ରିୟତମା' ନାମ ଭାସି
ଆସୁଥିବ, ଏ ଜନ୍ମରେ ନ ହେଲେବି'
ଦୁଃଖ ନାହିଁ
ଅନ୍ୟ କେଉଁ ଅଦୃଶ୍ୟ ଜନ୍ମରେ
ଆମ ଭେଟ ହେବ ଦିନେ
ଏକାଂତରେ ଚଂଦ୍ରଉଦିଆ ଯମୁନା ଜଳରେ
ଅଶରୀରୀ ଦୁଇ ଆତ୍ମା
ଲୁଚିଛପି ଗୋପନରେ ନାବକେଳି କରୁଥିବାବେଳେ
ରାଜା ରଜନୀରେ ଘାଟ ଅଘାଟରେ ॥

❑

॥ ୪୧ ॥

ଶବ ଦାହ ପରେ
ନିର୍ଲୋଭରେ
ସ୍ୱ-ଅର୍ଜିତ ଗଚ୍ଛିତ ରାଶିରୁ
ଭୁରି ଭୋଜନରେ ସାଧ ମତେ
ଚର୍ଚ୍ଚା କରିବ ଦୁଃଖୀ ରଂକୀ
ଦୀନ ଆର୍ତ୍ତ ବ୍ରାହ୍ମଣମାନଂକୁ,

ବାପ ଛେଉଂଡ଼ ପୁଅ କହି
ସାଂଗସାଥି ବଂଧୁବାଂଧବ
ଓ ଆତ୍ମୀୟ-ସ୍ୱଜନଂକ
କୃପାଭିକ୍ଷା ନ କରିବ
ପ୍ରେତକର୍ମ ଦରିଦ୍ର ଭୋଜନ ଦାନଧର୍ମ ଆଦି
ବିଧିବିଧାନମାନ ଯଥାରୀତି
ପାଳନ କରିବ।

ମୋର ଚିତାଭସ୍ମକୁ ଅତି ଯତ୍ନରେ
ମୁଠାମୁଠା କରି ବିଂଚି ଦେବ
ଆମ ପ୍ରିୟ ସହରର
ପ୍ରତି ଛକ ପ୍ରତି ୟୁନିଟ୍‌ରେ
ଗଳିରେ ଗଳିରେ,
ତମେ ଯେଉଁ ଆଡୁ ଆସିଲେବି'
ତମ ପିଂଧା ପାଦର ନୂପୁର ଧ୍ୱନି
ରୁମୁଝୁମୁ ରୁମୁଝୁମୁ ଶୁଭୁଥିବ ମୋ'ରି କାନରେ ॥

❑

|| ୪୨ ||

ବିଦାୟ ବେଳାର ଶେଷ ଅନୁରୋଧ
ମୋର ଭୁଲି ଯିବ ନାହିଁ
ପାପ ଚିଂତା କରିବନି
ଦିନେ ମୋ'ସହିତ ବିଶ୍ୱାସଘାତକତା
କରିଥିଲ ବୋଲି କାହା ପାଖେ କହିବନି
ଏପରିକି' ନିଜେ ବି ନିଜକୁ।

ଅବଶିଷ୍ଟ ଦିନତକ ହସଖୁସିରେ
ସଂସାର କରିବ, ନିଖୋଳା ସ୍ନେହ
ମମତାରେ ସଭିଂକୁ ବାଂଧି ରଖିବ,

ଦୁର୍ଲ୍ଲଭ ଏ ନର ଜନ୍ମ ପ୍ରିୟତମା
ପୂର୍ବ ଜନ୍ମ ସୁକୃତରୁ ଥରେ ଅଧେ
ମିଳିଥାଏ ଅତି ପୁଣ୍ୟ ବଳେ
ହାତ ମୁଠା ଖୋଲି ଦେଲେ
ବଂଦ ପଂଜୁରୀର ପକ୍ଷୀ ପରି ଫୁରର୍‌କିନି
ଉଡ଼ିଯାଏ ନୀଳ ଆକାଶରେ,
ଯେତେ ବାଡ଼େଇକଚାଡ଼ି ହେଲେବି
ଆଉ ତା'ଦେଖା ନଥାଏ
ସପ୍ତଦ୍ୱୀପା ମହିମଂଡ଼ଳରେ।

ପୁନର୍ଜନ୍ମ ଥିଲେ ଥିବ, ନଥିଲେ ନଥିବ
ଏଇ ଜନ୍ମ ଶେଷ ଜନ୍ମ
ପ୍ରେମପ୍ରୀତି ଈର୍ଷାଘୃଣା ମାୟା ମମତାର
ଏଇ ଜନ୍ମେ ଭୋଗିବାକୁ ହେବ
ଇହକାଳ ପରକାଳ ସ୍ୱର୍ଗନର୍କ
ପାପପୁଣ୍ୟ ଭେଦାଭେଦ
ମୁକ୍ତି ଓ ବଂଧନ,

ଏଇ ଜନ୍ମ ନିତ୍ୟ-ଶୁଦ୍ଧ-ବୁଦ୍ଧ-ମୁକ୍ତ-ଶାଶ୍ୱତ
ଓ ସତ୍ୟ-ଚିରଂତନ।

ବିଦାୟ ବେଳାର ଶେଷ ମୋର
ଅନୁରୋଧ ଭୁଲ୍‌ରେ ହେଲେବି
ଭୁଲିଯିବ ନାହିଁ,
ପ୍ରଳୟ ଜଳରେ ଆମ ସ୍ମୃତି ନାହା
ଭାଗିଂରୁଜି ନିଶ୍ଚିହ୍ନ ହେଲେବି
ତମ ନାମ ଜପୁଥିବି ପ୍ରିୟତମା
ଲକ୍ଷେ କୋଟି ଯୁଗଯୁଗ ପାଇଁ ॥

❑

www.ingramcontent.com/pod-product-compliance
Lightning Source LLC
Chambersburg PA
CBHW052110070526
44584CB00017B/2414
9781645600022